기업성공방정식

파괴·혁신 기업가정신

기업성공방정식
파괴·혁신 기업가정신

초판 1쇄 발행 2021년 01월 15일

지은이 김세진·야나기마치 이사오·전기석·박영렬
펴낸이 장현수
펴낸곳 메이킹북스
출판등록 제 2019-000010호
제작지원 (주) 마플누구나

디자인 장지연
편집 안영인, 장지연
교정 김시온
마케팅 오현경

주소 서울특별시 금천구 가산디지털1로 142, 312호
전화 02-2135-5086
팩스 02-2135-5087
이메일 making_books@naver.com
홈페이지 www.makingbooks.co.kr

ISBN 979-11-91014-87-7(03320)
값 16,000원

ⓒ 김세진·야나기마치 이사오·전기석·박영렬 2021 Printed in Korea

잘못된 책은 구입하신 곳에서 바꾸어 드립니다.
이 책의 전부 또는 일부 내용을 재사용하려면 사전에 저작권자와 펴낸곳의 동의를 받아야 합니다.

메이킹북스는 저자님의 소중한 투고 원고를 기다립니다.
출간에 대한 관심이 있으신 분은 making_books@naver.com로 보내 주세요.

기업성공방정식

파괴·혁신 기업가정신

김세진 · 야나기마치 이사오 · 전기석 · 박영렬 지음

"이들과 같이 당신도 할 수 있다"

파괴, 혁신추구
한국·일본 기업가들의
성공스토리

21세기
4차 산업혁명
기업가정신 제시

메이킹북스

머리말

　코로나(COVID-19) 팬데믹 사태로 국내 경제뿐 아니라 세계 경제가 요동치고, 많은 기업이 생사가 불투명한 어려움에 봉착하고 있다. 이러한 난국일수록 이를 헤쳐 나가는 기업가의 지혜와 용기가 더욱 절실한 시기이다. 기업성공방정식은 거의 무에서 유를 창조한 국내 5인 및 일본 6인 기업가들의 기업가정신과 성공전략을 분석하였다. 이들 기업가의 새로운 아이디어와 도전정신, 난관을 극복하는 열정과 결단들은 코로나 사태로 인하여 생사의 갈림길에 있는 많은 기업가에게 큰 도움이 되기를 기대한다.

　한국과 일본은 경제적으로 1960년대 이후 빠르게 성장하여 놀라운 성과를 시현하였다. 이와 같은 성공의 배경에는 무에서 유를 창출한 연금술사들과 같은 기업가들이 있었고, 이들의 기업가정신(Entrepreneurship)이 경제의 번영을 가져왔다. 그러나 한국과 일본은 2010년대에 들어와 미국을 비롯한 선진국과 중국 및 인도와 같은 신흥국으로부터 지속 성장에 대한 위협을 받고 있으며, 가전, 자동차, 조선 등과 같은 전통적인 산업의 경우 중국의 비롯한 신흥국과의 경쟁에서 빠른 속도로 경쟁력을 잃어가고 있다.

경제학자 조지프 슘페터(Joseph A. Schumpeter)는 '기업가정신은 새로운 사업에서 생길 수 있는 위험을 감수하고 어려운 환경을 헤치며 기업을 키우려는 뚜렷한 의지'라고 정의하면서 기업가정신이 쇠퇴하면 해당 국가의 경제도 쇠퇴한다고 하였는데, 한국과 일본은 20세기 후반에 강력한 기업가정신을 바탕으로 세계시장을 견인했으나 21세기에 들어와 기업가정신이 쇠퇴하면서 점차 글로벌 경쟁력을 잃어가고 있다.

본고는 21세기를 맞이하여 동북아시아 경제의 중심인 한국과 일본에 있어서 기업가정신의 의미를 규명하며, 양국에서 나타나고 있는 기업가정신의 쇠퇴 원인을 간단히 살펴보고자 한다. 그리고 이러한 환경에서도 2000년에 들어와 괄목할 만한 성과를 이룩한 한국과 일본의 기업가들을 살펴봄으로써 이들의 성공 요인을 분석하고, 21세기 4차 산업혁명 시대에 필요한 기업가정신을 제시하고자 한다.

기업가정신은 경영혁신을 추구하는 실천(Practice)이다. 즉 기업가정신은 미래의 불확실성과 높은 위험에도 주도적으로 기회를 포착하고 도전하여, 혁신 활동을 통해 새로운 가치를 창조하는 실천적 역량이다. 이러한 혁신 활동은 가치창출 혁신과 파괴적 혁신으로 구분할 수 있다.

가치창출 혁신은 기업이 생존과 성장을 위해 부단하게 상품과 서비스의 질을 개선하며, 과감한 M&A 등을 통해 시장지배력을 높이거나 새로운 분야로 진출하여 기업의 가치를 획기적으로 늘리는 것이다. 가치창출 기업가(Good Value Creator)란 수많은 기업가 중 기업의 가치를 획기적으로 증대시킨 기업가로, 기업을 설립하여 초대형 기업으로 성장시킨 창업기업가 또는 CEO를 맡아 초우량 기업으로 성장시킨 기업가들이다. 이들 가치창출 기업가로 한국에서는 LG생활건강의 차석용, 한국콜마의 윤동한을 선정하였으며, 일본에서는 호시노리조트의 호시노 요시하루, 쥬가이제약의 나가야마 오사무, 키엔스의 다키자키 다케미쓰를 선정하였다.

LG생활건강의 차석용은 2004년 12월에 상황이 어려운 회사에 구원투수로 등판하여 2020년 현재까지 지속적인 성장을 통해 LG생활건강의 시가총액을 50배 이상 올리는 경이로운 성과를 보였다. 한국콜마의 윤동한은 1990년 4명의 직원으로 한국콜마를 창업하여 2019년에는 직원 3,800명의 국내 대표적인 화장품회사로 성장시켰다.

호시노리조트의 호시노 요시하루는 미국 유학 후 아버지와의 갈등으로 일본 씨티은행에 취직하였으나 우여곡절 끝에 1991년에 가업인 "호시노온천"의 4대 사장으로 취임하여, 지방의 소규모 온천사업을 2020년에는 국내외 40개 시설을 운용하는 일본의 대표적인 리조트회사로 성장시켰다. 쥬가이제약의 나가야마 오사무는 1992년에 쥬가이제약의 4대 사장으로 취임하여 2020년에 명예회장으로 은퇴하였는데, 그동안 쥬가이제약을 일본의 대표적인 제약회사로 성장시켜 2020년 2월 시가총액기준으로 일본 내 11위에 올랐다. 다케다제약의 경우 쥬가이제약보다 매출규모가 3배가 많으나 시가총액기준으로 12위에 머물렀다. 키엔스의 다키자키 다케미쓰는 공업고등학교를 졸업하고 직장을 다니다가 27세인 1972년 키엔스의 전신인 리드전기를 창업하여 이를 일본의 대표적인 제조 회사로 성장시켜 2020년 시가총액기준으로 6위에 올랐다.

크리스텐슨 교수는 혁신(Innovation)을 파괴적 혁신(Disruptive Innovation)과 존속적 혁신(Sustaining Innovation)으로 구분하여 기업의 혁신을 설명하면서, 기존 사업의 패러다임을 바꾸는 파괴적 혁신의 중요성을 강조하고 있다.[1] 그는 대다수 기업은 생존과 성장을 위해 부단하게 상품과 서비스의 질을 개선하는 노력을 하게 되는데 이와 같은 노력을 존속적 혁신이라고 설명한다.

본고에서는 파괴적 혁신 기업가로 한국에서는 네이버의 이해진, 카카오의 김범수, 엔씨소프트의 김택진을 선정하였으며, 일본에서는 라쿠텐의

---

1) 클레이튼 M. 크리스텐슨(1952-2020)교수는 하버드대 경영대학원 교수로 '파괴적 혁신' 주창자이며 2011년 하버드비즈니스리뷰(HBR)의 가장 영향력 있는 경영사상가 1위로 뽑힌 세계 경영학의 구루로 2020년 1월에 서거하였다.

미키타니 히로시, 유니클로의 야나이 다다시 그리고 무인양품의 쓰쓰미 세이지와 마쓰이 타다미쓰를 선정하여 이들의 기업가정신을 분석하였다.

네이버의 이해진은 삼성SDS의 사내벤처로 시작하여 네이버를 국내 시가총액 3, 4위의 기업으로 성장시켰으며, 카카오의 김범수는 네이버 이해진과 삼성SDS 입사 동기로 1999년 한게임을 창업하여 2001년 네이버와 합병시켜 NHN을 출범시켰으며, 일찍이 모바일시대를 예견하여 2010년 카카오를 출시하여 10년 만에 카카오를 시가총액기준 국내 9위 기업으로 성장시켰다. 엔씨소프트의 김택진은 1997년에 회사를 창업하여 국내 게임업체의 선두주자로서 일찌감치 해외 진출을 추진하여 엔씨소프트를 글로벌 게임회사로 성장시켰다. 또, 엔씨소프트를 글로벌 게임회사로 성장시켰으며 시가총액기준으로 국내 10위에 올랐다.

라쿠텐의 미키타니 히로시는 1997년에 회사를 설립하여 당시 수많은 인터넷 쇼핑회사들 가운데 치열한 경쟁을 이기고 라쿠텐을 일본 내에 독보적인 인터넷 쇼핑회사로 성장시켰으며 공격적인 인수합병을 통해 e커머스의 생태계를 구축하였다. 유니클로의 야나이 다다시는 소프트뱅크의 손정의와 더불어 일본의 대표적인 신세대 경영자로 1984년 지방도시인 히로시마에서 첫 매장을 오픈한 이래, 혁신을 통해 폭발적인 성장을 이루어 유니클로를 글로벌 의류 브랜드로 성장시켰다. 무인양품의 쓰쓰미 세이지와 마쓰이 타다미쓰는 이류 백화점이었던 세이뷰 백화점을 맡아 백화점 자체브랜드였던 무인양품을 당시에는 생소했던 노브랜드, 노디자인, 노마케팅 전략으로써 역발상의 혁신을 통해 일본의 대표적인 의류잡화 브랜드로 성장시켰다.

코로나(COVID-19) 팬데믹 사태로 많은 기업이 어려움에 봉착하고 있다. 본고가 어려움에 부닥친 기업인들에 지혜와 용기가 될 수 있도록, 제목을 이해하기 쉽게 '기업성공방정식'으로 정하였으며 '파괴 및 혁신적 기업가 정신'을 부제로 설정하였다. 본고에서 다루고 있는 국내 5인 및 일본 6인의 기업가정신 및 성공스토리가 기업가들에게 어려움을 헤쳐 나가는 데 조금이나마 도움이 되기를 기대한다.

본고는 한국펀드평가의 김세진 박사, 연세대학교 경영학과의 박영렬 교수와 전기석 교수, 일본 게이오대학교 종합정책학부의 야나기마치 이사오 교수가 협업하여 공동 연구를 통해 집필하였다. 집필진들은 지난 1년에 걸쳐 7차례의 내부 세미나 및 1차례의 오픈 세미나를 통해 본고의 주요 내용 및 기업인 선정 등에 대하여 의견을 교환하고 내용을 정리하였으며, 각 저자는 본인들이 맡은 부문을 나누어 집필하였다. 저자들의 자율성을 보장하기 위해서 공통양식은 최소화하였다. 따라서 그래프 및 표 등에 있어서 단위 및 연도 등이 각각 다르게 표기되어 있는 등 통일성이 다소 미흡하다. 또한 저자들이 담당한 부문의 내용은 전적으로 각 저자의 책임하에 집필되었다.

또한, 본고는 아시아연구기금(Asia Research Fund)의 연구지원금으로 수행되었으나 본 연구의 내용에 대한 책임 소재는 아시아연구기금과 무관하며, 전적으로 저자들에게 있다. 마지막으로 본고를 출간하는 데 세미나를 관장하고 연구를 보조해 준 연세대학교 경영대학 박사과정의 김원령 조교 및 메이킹북스 편집관계자들께 감사드린다.

2020년 12월

김 세 진

CONTENTS

머리말   4
Chapter 1. 기업가정신(Entrepreneurship)   14

가치창출 기업가 및 기업가정신

Chapter 2. LG생활건강, 차석용   38
Chapter 3. 한국콜마, 윤동한   58
Chapter 4. 호시노리조트, 호시노 요시하루   76
Chapter 5. 쥬가이제약, 나가야마 오사무   92
Chapter 6. 키엔스, 다키자키 다케미쓰   110

파괴적 혁신 기업가 및 기업가정신

Chapter 7. 네이버, 이해진   128
Chapter 8. 카카오, 김범수   152
Chapter 9. 엔씨소프트, 김택진   180
Chapter 10. 라쿠텐, 미키타니 히로시   200
Chapter 11. 유니클로, 야나이 다다시   220
Chapter 12. 무인양품, 쓰쓰미 세이지 · 마쓰이 타다미쓰   240

1 Entrepreneurship

기업가정신
(Entrepreneurship)

Chapter 1. 기업가정신(Entrepreneurship)[2]

 최근 한국경제 관련 학술세미나에서 전직 관료는 한국경제의 현실을 설명하면서 기업가정신과 근로의식이 동시에 꺾이면서 한국경제가 수축국면에 들어갔다고 지적했다. 많은 사람이 한국경제가 당면한 문제 중 가장 심각한 문제는 기업가정신의 도태라고 지적하고 있는데, 대부분의 경제 전문가들은 이에 동의할 것이다.

 한국경제는 1960년에서 2000년까지 연평균 10%라는 높은 경제성장률을 시현하면서 고도성장을 유지해 왔다. 한국경제는 1960년대 초에는 아프리카 가나와 유사했으나 고도성장을 통해, 2차 세계대전 후 유일하게 빈민국에서 부유한 국가로 성장했다. 특히, 2018년 1인당 국민소득(GNI)이 3만 1450달러를 기록하여 미국과 독일 등에 이어 7번째 '30-50클럽(인구가 5천만 이상이며, 1인당 국민소득 3만 불 이상인 국가)'에 가입하였다. 세계에서 '30-50클럽' 가입국은 미국, 독일, 프랑스, 일본, 영국, 이탈리아, 한국 7개국뿐이다. 한국을 제외하고 이들 국

---

[2] 김세진 | 한국펀드평가(주) 대표이사, marc4196@gmail.com,
　연세대학교 경영학사, 미국 예일대 경제학 박사,
　미국 워싱톤주립대 경제학 교수 역임, 한국자산평가 대표이사 역임

가는 모두 서방 주요 7개국(G7) 회원이기도 하다. 또한 2019년 기준으로 한국은 경제 규모로는 세계 11위, 수출입 규모로는 세계 9위로, 한국이 경제의 양적인 측면에서 선진국 국가가 되었다는 것을 뜻한다.

이와 같은 고도성장의 배경에는 거시적으로는 박정희 정부의 지속적이며 강력한 경제개발 정책과 70·80년대에 미국을 중심으로 국제화가 확산하면서 국제 교역이 많이 증가하는 등의 우호적인 해외 여건 등을 들 수 있으나, 미시적으로는 삼성의 이병철, 현대의 정주영, LG의 구인회, 대우의 김우중 등과 같은 내로라하는 기업가들의 기업가정신(Entrepreneurship)을 들 수 있다. 이들 기업가는 한국경제가 6·25전쟁의 폐허에서 일어선 것과 같이 남다른 기업가정신을 통해 무에서 유를 창출하는 업적을 이루었는데, 이에 대하여서는 반론의 여지가 없을 것이다.[3]

한국경제는 이제 막 선진국 반열에 진입하였고, 산업화가 본격화된 1960년대를 기준으로 하면 이제 고작 60년이 흘렀는데, 왜 국내외 경제전문가들이 이구동성으로 '한국경제의 성장엔진이 식고 있다'고 우려하는 것인가? 이에 대한 가장 중요한 원인 중 하나로 기업가정신의 쇠퇴를 들고 있다. 황인학(2017)의 최근 연구에 의하면 한국의 경우 기업가정신이 2010년대에 들어와 1975년에 비해 절반 수준으로 낮아지고

---

3) 이들 기업가는 박정희 정부의 경제개발정책에 발맞추어 기업을 성장시켜 한국경제의 산업화에 크게 이바지하였다. 그러나 이들 기업의 성장 과정에서 정부의 특혜적인 산업적 및 금융적 정책지원이 있었으며, 이들 기업은 이와 같은 정부의 지원과 사업 기회 포착을 통해 사업을 다각화하여 수십 개의 기업을 보유하는 재벌체제를 구축할 수 있었다. 한국경제 재벌체제의 장단점에 관해서는 정경유착, 시장의 독과점 구조 등 많은 논란이 있는데, 이는 본고의 연구범위를 넘어서는 분야이므로 향후 연구과제로 남겨둔다.

있어 기업의 활력이 급속하게 줄고 있다고 지적한다.[4] 경제학자 조지프 슘페터는 '기업가정신은 새로운 사업에서 생길 수 있는 위험을 감수하고 어려운 환경을 헤치며 기업을 키우려는 뚜렷한 의지'라고 정의하면서 기업가정신이 쇠퇴하면 해당 국가의 경제는 쇠퇴한다고 하였다.

또한, 이와 같은 기업가정신의 쇠퇴 문제는 한국뿐 아니라 이웃의 경제 대국인 일본에서도 심각한 문제로 대두하고 있다. 2차 세계대전 이후 일본은 1950년 초 한국전쟁을 계기로 군수물자의 공급처로서 중요한 역할을 담당함으로써 패전의 충격에서 벗어날 수 있었다. 이를 계기로 고도성장을 통해 세계의 경제 대국으로 우뚝 섰으나 1985년 미국과의 플라자 합의 이후 잃어버린 20년이라고 칭하는 장기 불황을 거치면서 경제성장이 둔화하면서 기업가정신이 크게 위축되었다. GEDI(Global Entrepreneurship and Development Institute)의 2019년 발표에 따르면 GEI(Global Entrepreneurship Index)가 미국은 86.8으로 1위이나, 한국은 58.1로 20위, 일본은 53.5로 26위로 OECD국가 중 하위 수준을 보여주고 있다.

한국과 일본은 2010년대에 들어와 미국을 비롯한 선진국 기업과 중국 및 인도와 같은 신흥국 기업으로부터 지속 성장에 대한 위협을 받고 있으며, 가전, 자동차, 조선 등과 같은 전통적인 산업의 경우 중국의 비롯한 신흥국과의 경쟁에서 빠른 속도로 경쟁력을 잃어가고 있다.

특히, 국내외적으로 AI, 빅데이터, ICT 등 디지털 경제인 4차 산업

---

4) 황인학, 「2016년 한국의 기업가정신 지수 추정」, 한국경제연구원, 2017.

이 경제의 핵심 산업으로 급속하게 발전하고 있는데, 한국의 4차 산업 혁명 핵심 기술 경쟁력도 미국, 중국 등과 비교하여 낮은 수준이며, 향후 5년 후에도 최하위를 기록할 것이라는 비관적인 전망도 있다. 미국의 CB Insights가 발표하는 기업가치가 10억 달러가 넘는 비상장 창업기업을 뜻하는 유니콘 기업의 수는 2020년 5월 기준으로 전 세계에 472개에 달하며 미국에 226개, 중국에 173개가 있는 반면, 한국과 일본에는 고작 각각 10개와 3개가 있다. 21세기 디지털 세상에서 한국 기업이 경쟁력을 확보하여 한국경제가 지속적으로 성장하기 위해서는 경영혁신을 추구하는 기업가정신의 회복이 시급한 과제이다.[5]

본고는 21세기를 맞이하여 동북아시아 경제의 중심인 한국과 일본에 있어서 기업가정신의 의미를 규명하며, 양국에서 나타나고 있는 기업가정신의 쇠퇴 원인을 살펴보고자 한다. 또한 이러한 환경에서도 한국과 일본에서 2000년에 들어와 괄목할 만한 성과를 이룩한 기업가들을 살펴보고 이들의 성공 요인을 분석하여, 21세기 4차 산업혁명 시대에 필요한 기업가정신을 제시하고자 한다.

기업가정신은 무엇인가?

기업가정신에 관해서는 오랫동안 학계 및 산업계에서 명확한 정의 없이 용어가 사용되어 왔다. 많은 사람은 기업가정신이란 마이크로 소프트

---

[5] cbinsights.com, CB Information Services Inc.

의 빌 게이츠, 애플의 스티브 잡스, 아마존의 제프 베이조스, 테슬라의 알랜 머스크, 소프트뱅크의 손정의, 알리바바의 마윈 등과 같은 이들의 천부적인 재능, 타고난 능력, 천재들의 번뜩이는 아이디어라고 말한다. 이는 언론을 통해 이들에 대한 성공 신화 등 많은 기사를 접해왔기 때문에 일반인들에게는 기업가정신은 특별한 재능을 갖고 새로운 서비스 및 상품을 만들어 시장을 제패하는 큰 성과를 내는 능력으로 보일 수 있다.

본고에서는 피터 드러커(1985)의 정의에 따라 기업가정신이란 일종의 과학(Science) 또는, 특별한 기예(Art)가 아니며, 경영혁신을 추구하는 실천(Practice)으로 보았다. 즉 기업가정신은 미래의 불확실성과 높은 위험에도 주도적으로 기회를 포착하고, 도전하며 혁신 활동을 통해 새로운 가치를 창조하는 실천적 역량이다.[6] 이러한 혁신활동은 가치창출 혁신(Value Creation Innovation)과 파괴적 혁신(Disruptive Innovation)으로 구분할 수 있다.

세상에는 수많은 기업가가 있으나, 이들 모두가 기업가정신을 보인다고 할 수 없으며, 특히 새롭게 시작하는 창업가나 거대 기업을 경영하는 기업가들도 모두 기업가정신을 갖고 있다고 보지 않는다. 진정한 기업가정신은 혁신을 통해서 새로운 방식으로 생산성을 크게 향상하며, 새롭게 시장과 고객을 창출하는 자들로 이들의 노력을 기업가정신으로 정의할 수 있다.[7]

---

6) 피터 드러커, 「미래사회를 이끌어가는 기업가정신(Innovation and Entrepreneurship)」, 한국경제신문, 1985
7) 위키피디아(Wikipedia)는 기업가정신(Entrepreneurship)을 외부환경 변화에 민감하게 대응하면서 항상 기회를 추구하고, 그 기회를 잡기 위해 혁신적인 사고와 행동을

티모시 버틀러(2018)는 각국에서 성공한 4천 명 이상의 기업가와 유수한 기업의 경영자라 말하는 천8백 명에 대한 심리 검사를 했는데, 두 그룹 간에 많은 공통점이 있었으나, 기업가에게는 뚜렷하게 나타나는 세 가지 특징을 제시하였다. 불확실성에서 성공하는 능력, 프로젝트를 계획하고 소유하려는 강한 욕망, 그리고 뛰어난 설득력이다.[8]

즉, 기업가는 현재 가지고 있는 자원을 미래에 투자하는 사람으로, 미래의 불확실성과 위험에 과감하게 투자하는 것이다. 이러한 불확실한 투자가 성공하기 위해서 기업가는 현재의 현상에 만족하지 않고 새로운 시장을 개척하거나, 새로운 상품과 서비스를 개발하거나, 기존의 생산 체계를 획기적으로 개편하여 효율성을 극대화하는 등 새로운 도전이 필요하다. 이는 현재의 현상을 뒤집거나 해체하는 것이며 '창조적 파괴'의 행위라고 볼 수 있다.

맥도날드 설립 이전에도 이후에도 햄버거는 미국 전역 어디에서나 동네 레스토랑 또는 간이식당(Diner) 등에서 흔히 먹을 수 있는 음식이었다. 그러나 맥도날드는 고객이 바라는 것은 맛있고 청결한 햄버거를 신속하게 구매하는 것이라 파악하였고, 이를 햄버거에 대해 고객이 갖는 가치로 설정하였다.

하고, 그로 인해 시장에 새로운 가치를 창조하고자 하는 생각과 의지를 말한다고 정의하고 있다.

8) 티모시 버틀러, 「하버드 머스트 리드 기업가정신과 스타트업: 기대한 아이디어의 파고를 뛰어넘는 기업가정신(HBR's 10 Must Reads on Entrepreneurship and Startup)」, 매일경제신문사, Harvard Business Review Press, 2018

기존까지는 햄버거 식당에서는 고객의 주문을 받고 햄버거를 만들기 시작하였으나, 맥도날드는 사전에 햄버거를 만들어 고객의 주문에 바로 응대하게 하였고, 제품과 공정을 표준화하여 맛과 품질을 유지하게 하고, 기구 등 설비를 디자인하고, 종업원이 해야 할 일을 분석한 후 매뉴얼을 작성하여 훈련시켰다. 이를 통해 맥도날드는 맛, 질, 가격, 속도 모든 면에서 기존 햄버거 식당들보다 경쟁우위를 가질 수 있었다. 이와 같은 경영 기술을 통해 자원의 생산성을 크게 향상하게 시켰을 뿐 아니라 새로운 시장과 고객을 창출하였다. 이것이 바로 기업가정신이다.

기업가정신이 충만한 기업가들은 경영혁신을 추구한다. 경영혁신이란 주어진 자원을 가지고 부를 창출하는 기계(Wealth Generating Machine)를 만드는 것이며, 상황에 따라 기존에는 전혀 쓸모없었던 주변 자원을 쓸모 있는 새로운 자원으로 만드는 것이다. [9] [10]

---

9) 알렉산더 프레밍 이전에는 페니실린 곰팡이는 자원이 아니라 곰팡이로 병균일 뿐이었다. 1920년대에 알렉산더 프레밍이 페니실린 곰팡이가 박테리아를 죽이는 물질임을 발견함에 따라 페니실린은 가치 있는 자원이 되었다. 이와 같이 경영혁신을 통해 우리 주변의 수많은 물질들이 경제적 가치를 가지게 되는 것이다.

10) 피터 드러커(1985)는 이러한 경영혁신을 가능케 하는 7가지 원천을 다음과 같이 제시하고 있다. 1. 예상치 못했던 것들: 예상치 못했던 성공, 예상치 못했던 실패, 예상치 못했던 외부사건, 2. 불일치: 실제로 발생한 현실과 기대하고 예상했던 상황 간 불일치, 3. 프로세스의 필요에 기초한 경영혁신, 4. 산업구조 및 시장구조의 변화, 5. 인구구조의 변화, 6. 인식 및 분위기의 변화, 7. 과학 및 비과학 분야의 새로운 지식.

한국에서의 기업가정신 쇠퇴 문제

피터 드러커는 "한국은 전 세계에서 기업가정신이 가장 충만한 나라"라고 말했다. 전쟁의 폐허 속에서 세계적인 기업을 키워낸 한국 경제의 '역동성'과 '도전 정신'을 높이 평가한 것이다. 그러나 이는 1990년대 중반까지의 이야기이다. '2018 암웨이 글로벌 기업가정신 보고서(AGER)'에 따르면 한국의 기업가정신지수(AESI)는 39점으로, 44개 조사 대상국 중 33위다. 1위는 베트남(89점)이었고 아시아 평균 점수는 61점이었다. 한국의 경우 2017년 전년 대비 10계단이 내려가 조사 대상국 중 가장 큰 하락 폭을 보였다.

황인학(2017)은 한국에서 기업가정신이 2010년대에 들어와 1975년에 비해 절반 수준으로 낮아지고 있으며 이로 인해 기업의 활력이 급속하게 줄고 있다고 지적하고 있다.[11] 황인학(2017)은 GEDI(Global Entrepreneurship and Development Institute)가 발표하는 글로벌 기업가정신지수(GEI)를 한국 실정에 맞게 대폭 보완하여 한국의 기업가 지수를 산출하였는데, 〈그림 1〉에서와 같이 한국의 기업가지수는 1980년대 말부터 최근까지 지속적인 하락추세를 보인다.[12]

---

11) 황인학, 「2016년 한국의 기업가정신 지수 추정」, 한국경제연구원, 2017.
12) GEDI의 GEI 산정의 주요 변수에 대한 설명은 [첨부1] 참조.

〈그림 1〉 한국의 기업가정신 종합지수 추이

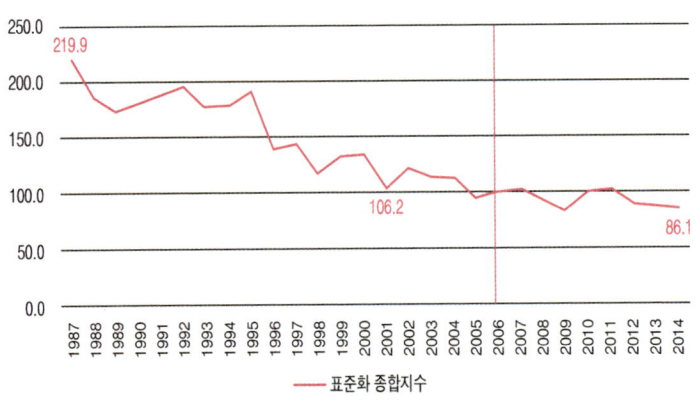

* 자료: 황인학, 「2016년 한국의 기업가정신 지수 추정」, 한국경제연구원, 2017

　이처럼 한국에서 기업가정신이 크게 떨어진 주된 이유로는, 경제가 고도성장기를 지나고 성숙기로 접어들면서 성장 둔화에 따라 신사업 등 진출 기회가 크게 줄었기 때문이다. 또한 고도성장기 동안에 지속적인 투자가 이루어짐에 따라 자본의 축적이 과다해져 자본수익률이 크게 하락하게 되었으며, 이에 창업 및 기업혁신에 대한 의욕이 줄었기 때문이다.

　또한 재벌경제의 폐해로 경제력집중이 정치 및 경제에서 주요 과제로 등장함에 따라 이들 대기업의 경제력집중을 완화하기 위해 정부가 각종 규제를 도입하여 대기업의 신규 사업 진출 및 인수·합병을 제한함에 따라 이들 기업에서의 혁신이 둔화되었기 때문이다. 특히 대기업의 경제력집중은 중소기업의 건전한 성장을 제약하여 경제 및 사회적 문제가 되어 왔으며, 재벌의 편법 상속 문제는 일반인들에게 반기업 정서를 불러일으키게 되었다.[13]

---

13) 황인학(2017)은 한국의 기업가정신 지수가 하락한 이유로 수출증가율의 둔화, 반기업

한편 정부가 벤처투자 활성화를 정책적으로 추진해 왔음에도 불구하고 국내 시장이 협소할 뿐 아니라 주요 산업에서 대기업의 과점구조로 벤처기업들이 성공하기가 어려운 여건하에서 벤처 투자 등 모험자본의 공급이 제한되고 있기 때문이다.

한경비즈니스의 조사(2019)에 따르면 국내 기업의 부정적인 인식의 원인조사에서 '준법·윤리 경영의 미흡'이 43.2%로 압도적으로 많았다. 2위는 '일자리 창출 부족(20.7%)'이었다. 또한 '후진적 기업문화(18.0%)', '사회공헌 활동 미흡(12.3%)'도 주요 이유 중 하나로 꼽혔다. 한편 기업에 대한 부정적인 인식이 지배적인 만큼 기업의 창업자들의 '가업 승계'에 대한 인식 또한 부정적이었다. '가업 승계'라고 하면 가장 먼저 떠오르는 이미지에 대해 52.3%의 응답자가 '불법·편법적인 상속'을 꼽았다.[14]

반기업 정서의 확산은 국내만의 일이 아니다. 타일러 코웬(2019)은 "기업을 위한 변론"이라는 책에서 미국에서 정치권과 언론들이 대기업들을 탐욕스럽고 노동자를 탄압하며 소비자의 행복에는 무관심한 집단으로 몰아가면서 반기업 정서를 확산시키는 현실을 지적하면서 기업에 씌워진 오명에 대하여 반론을 제기하고 있다.[15]

정서의 확산 등 기업과 기업가에 대한 부정적인 인식, 규제 강화로 국제경쟁력의 하락, 공공부문의 확산과 이들 부문의 기업가정신 미흡 등을 들고 있다.

14) 한경비즈니스 표지 기사, "기업가정신이 희망이다", 한경비즈니스, 1217호, 2019.3.

15) 타일러 코웬, 「기업을 위한 변론: Big Business: A Love letter to an American Anti-Hero」, 한국경제신문, 2019.

기업가정신 하락의 주요 요인으로 작용하는 반기업 정서의 확산을 막기 위해서는 무엇보다도 기업 스스로가 기업의 사회적 책임을 인식하고 이를 제도적으로 실천해 나가야 하며, 기업 내부에 윤리경영을 정착시켜 기업의 도덕성을 확립하여야 한다. 또한 언론과 정치권도 대중에 영합하기 위해 기업에 대한 부정적 인식을 확산하기보다는, 고용 및 투자를 통해 국민경제의 성장을 견인하는 기업에 대하여 긍정적인 면을 강조하여야 한다. 특히 차세대를 이끌 청소년들에게 교육을 통해 올바른 기업관을 심어주고 기업가정신을 고취해야 한다.

가치창출 기업가 및 기업가정신

　　기업의 가치(Value)란 시장에서 평가받는 기업의 가치로서 일반적으로 상장사의 경우 시가총액을 말하고, 비상장사의 경우 자산가치에서 부채가치를 제외하여 평가하거나 미래예상 소득을 현가화하여 평가하는데, 분석 목적에 따라 기업의 가치를 동종업계와의 상대 비교, 시장점유율, 매출 및 이익 규모 등으로 평가할 수도 있다. 본고에서는 기업의 가치를 기업의 미래가치가 주가에 반영된다고 보고, 주식시장에서의 시가총액 또는 주당 가치(Per Share Value), 즉 주가를 기준으로 평가한다.[16]

---

16) Aswarth Damodaran, Damodaran on Valuation, John Wiley & Sons, 2006.

최근 미국을 중심으로 기업에 대한 경제적 및 사회적 평가가 달라지고 있다. 기존에는 기업의 목적을 주주(Shareholder) 이익의 극대화로 보고, 이를 잘 반영하는 지표로 주가 및 시가총액을 기업평가의 핵심 요소로 간주하였다. 이를 위해 기업가들은 인수·합병과 강력한 구조조정 등을 통해 주가 상승 및 시가총액 증가를 도모하였다. GE의 잭 웰치가 이에 대표적인 기업인으로 한때에 주목을 받았고, 잭 웰치식의 기업경영이 대학은 물론이고 기업가들 사이에 유행되기도 하였다.

그러나 2008년 미국의 금융위기를 통해 주주 이익 극대화에 따른 부작용으로 기업의 부채 증가 및 도산의 결과를 맞았다. 이로 인해 금융기관의 부실화 및 실업증가 등에 따른 사회적 문제 등으로 기업의 사회적 책임이 부각되었다. 이에 기업의 목적이 단순한 주주(Shareholder) 이익의 극대화에서 고객, 직원, 커뮤니티 등 모든 이해당사자(Stakeholder)의 번영 극대화로 확대되고 있다.[17] 본고에서는 기업가치 평가에서 이해당사자(Stakeholder)의 이익을 대변하는 정량적 지표를 산출하기가 어려운 점을 고려하여 기업 가치를 정량적으로는 시가총액으로 평가하고 이해당사자의 이익을 정성적으로 반영하고자 한다.

가치창출 기업가(Good Value Creator)란 수많은 기업가 중 기업의 가치를 획기적으로 증대시킨 기업가로서, 기업을 설립하여 초대형 기업

---

17) 2019년 8월 월스트리트저널(WSJ)은 미국 200대 대기업 최고경영자로 구성된 협의체인 비즈니스라운드테이블(BRT)이 19일(현지 시각) '포용적 번영(Inclusive Prosperity)'을 강조하는 '기업의 목적에 대한 성명'을 발표했다고 보도하였다. BRT는 성명서에서 기업이 단기적 이윤 추구, 주주 이익 극대화 등을 뛰어넘어 고객, 근로자, 납품업체, 커뮤니티 등 모든 이해당사자(Stakeholder)에 대한 사회적 책임을 강화하여야 한다고 밝혔다.

으로 성장시킨 창업기업가 또는 CEO를 맡아 기업을 초우량 기업으로 성장시킨 기업가들이다.

창업기업가의 경우 해외에서는 마이크로소프트의 빌 게이츠, 페이스북의 마크 저커버그, 구글의 래리 페이지 및 세르게이 브린, 인텔의 엔디 그로브, 월마트의 샘 월튼, 알리바바의 마윈, 스타벅스의 하워드 슐츠, 혼다의 소이치로, 교세라의 이나모리 가즈오, 마쓰시다의 고노소케, 소프트뱅크의 손정의, 키엔스의 다키자키 다케미쓰, 유니클로의 야나이 타다시, 라쿠텐의 미키타니 히로시 등 셀 수 없을 정도로 많은 기업인이 있다.

국내에서는 과거에는 삼성그룹의 이병철, 현대그룹의 정주영, LG그룹의 구인회, SK그룹의 최종현, 대우그룹의 김우중, 두산그룹의 박두병, 코오롱그룹의 이동찬, 동원그룹의 김재철, 롯데그룹의 신격호, 한진그룹의 조중훈, 유한양행의 유일한 등이 있으며, 최근에는 네이버의 이해진, 카카오의 김범수, 미래에셋금융그룹의 박현주, 한국콜마의 윤동한, 하림그룹의 김홍국, 코스맥스그룹의 이경수, 교원그룹의 장평순, 한세예스24홀딩스의 김동녕, 영원무역의 성기학, SPC그룹의 허영인, 셀트리온그룹의 서정진 등 수많은 기업인이 있다.

한편 창업자가 아닌 경우이지만 CEO로서 기업을 맡아 기업가치를 획기적으로 증대한 기업가의 경우, 해외에서는 테라다인의 헨리 싱글톤, 제너럴 다이나믹스의 빌 앤더스, 버크셔 해서웨이의 워런 버핏과 유명세를 날리는 GE의 잭 웰치, 호시노리조트의 요시하루 호시노, 쥬가이제약의 나가야마 오사무 등 수많은 기업인이 있다. 국내에서는 포항제철의 박태준, LG생활건강의 차석용, 한국콜마의 윤동한, KCC의 정몽진, BCG리테일의 박재구, 스타벅스코리아의 이석구, 현대카드의 정태영, 메리츠종금증권의 최희문, 삼성전자의 고동진 등을 들 수 있다.

본고에서 다루는 가치창출 기업가의 선정은 주가수익률 등 정량적 기준을 중심으로 하고 사회적 기여, 책임경영 등 정성적 기준을 참고하여 집필진들 간 논의를 거쳐 이루어졌다. 한국에서는 LG생활건강의 차석용, 한국콜마의 윤동한을 선정하였으며, 일본에서는 호시노리조트의 요시하루 호시노, 쥬가이제약의 나가야마 오사무, 키엔스의 다키자키 다케미쓰를 선정하여 이들의 기업가정신을 분석하였다.

파괴적 혁신 기업가 및 기업가정신

2020년 1월에 작고한 하버드대 경영대학교의 클레이튼 M. 크리스텐슨(Clayton M. Christensen) 교수는 혁신(Innovation)을 파괴적 혁신(Disruptive Innovation)과 존속적 혁신(Sustaining Innovation)으로 구분하여 기업의 혁신을 설명하면서, 기존 사업의 패러다임을 바꾸는 파괴적 혁신의 중요성을 강조하고 있다.[18]

---

18) 클레이튼 M. 크리스텐슨(1997, 2003, 2016), "The Innovator's Dilemma", Harvard Business Review Press, 1997, "The Innovator's Solution", Harvard Business Review Press, 2003, "Competing Against Luck", Harvard Business Review Press, 2016.

크리스텐슨 교수는 대다수 기업은 생존과 성장을 위해 부단하게 상품과 서비스의 질을 개선하고자 노력하는데 이와 같은 노력을 존속적 혁신이라고 설명한다. 기존 기업의 존속적 혁신은 이미 잘 팔리고 있는 기존 제품을 고객의 구미에 맞게 더 개선하는 것으로, 이와 같은 개선은 점진적일 수도 있고 대폭적일 수도 있다. 그러나 갈수록 치열해지는 경쟁과 더욱 까다로워지는 소비자들, 각종 새로운 규제와 사회적인 책임이 가중되는 상황에서 기업들은 기존 상품과 서비스의 개선하는 존속적 혁신만으로는 계속 승자로 남아있기 어렵다고 보았다.

크리스텐슨 교수에 따르면 파괴적 혁신의 경우 기존 기업과는 다른 새로운 기업이 등장하게 되고 또한 기존에는 존재하지 않았던 새로운 시장이 만들어진다. 즉 '새로운 파괴'는 자원을 적게 가진 소기업이 기존 안정된 비즈니스에 성공적으로 도전하는 과정을 말한다. 기존 기업은 가장 까다로운 고객층과 가장 수익성이 높은 고객층을 위해 제품과 서비스를 개선하는 데 집중하는 과정에서 일부 고객층이 요구하는 품질 수준을 초과하거나 제품과 서비스의 가격이 높아 일부 고객층을 제외하게 된다.

새롭게 시장에 진입하는 기업은 이처럼 기존 기업들이 간과한 고객층을 겨냥해 적절한 기능을 낮은 가격에 제공함으로써 발판을 확보하는 것으로 시작한다. 이 경우 요구 수준이 높은 고객층에게서 나오는 고수익성을 추구하는 기존 기업들은 이러한 낮은 품질의 저가 제품에 적극적으로 대응하지 않는 것이 보통이다. 새로이 시장에 진입할 신생기업은 저가 제품의 성공을 기반으로 제품의 품질 향상을 통해 기존 기업의 주류고객에게 접근하면서 시장 점유율을 높이게 된다. 그리고 주류 소비자들이 신생 진입기업의 제품을 대량으로 구매하기 시작할 때 파괴가 일어나게 된다.

이처럼 파괴적 혁신은 기존기업이 간과한 두 가지 종류의 시장에서 출발한다. 저가 시장 기회(Low-end Market Opportunity)는 기존 기업이 수익성이 좋고 요구 수준이 높은 고객층에게 더 우수한 제품과 서비스를 제공하기 위해 지속적인 노력을 기울이므로, 상대적으로 요구 수준이 낮은 저가 고객층에는 관심을 덜 두기 때문에 존재한다. 이에 따라 새로운 진입자는 저가 제품을 필요로 하는 고객층에게 쓸 만한 제품을 저가에 공급함으로써 시장에 침투할 수 있다.

또 다른 파괴적 혁신은 신시장 기회(New Market Opportunity)의 경우로 기존에 존재하지 않던 시장을 창조하는 것이다. 즉, 그들은 비소비자를 소비자로 바꾸는 방법을 찾아낸다. 예컨대 사진 복사 기술이 개발된 초기에 제록스는 대기업을 타깃으로 삼고 그들이 요구하는 성능을 제공하기 위해서 높은 가격을 책정했다. 학교 도서관의 사서, 볼링 리그의 운영자, 기타 소규모 고객은 가격 부담 때문에 시장에서 제외됐으며 먹지나 등사기를 사용할 수밖에 없었다. 그러다가 1970년대 말에 새로운 복사기 시장에 진입한 휴랫패커드, 캐논, 리코 등은 개인과 소기업에 적합한 개인용 복사기를 내놓으면서 새로운 시장이 형성됐다. 이처럼 개인용 복사기 제조기업은 비교적 소박하게 출발해 서서히 제록스가 중점을 뒀던 주류 복사기 시장으로 전진하여 시장의 중요한 공급자가 되었다.

본고에서는 한국 및 일본에서 파괴적 혁신을 통해 기존 시장에 침투하여 시장에서 주도적 역할을 하거나, 새로운 시장을 창출하고 이들 시장을 확대하여 기업을 발전시킨 창업자들을 중심으로 파괴적 혁신추구 기업가들을 논하고자 한다. 이를 위해 파괴적 혁신추구 기업가로는 한국에서는 네이버의 이해진, 카카오의 김범수, 엔씨소프트의 김택진을 선정하였으며, 일본에서는 라쿠텐의 미키타니 히로시, 유니클로의 야나이 다다시 그리고 무인양품의 쓰쓰미 세이지와 마쓰이 타다미쓰를 선정하여 이들의 기업가정신을 분석하였다.

참고 문헌

- 권오현, 김상근, 「초격차: 넘볼 수 없는 차이를 만드는 격」, 쌤앤파커스, 2018.
- 다니엘 아이젠버그, 「하버드 창업가 바이블」, 유정식 옮김, 다산북스, 2014.
- 도널드 설, 「혼돈을 넘어 위대한 기업으로(The Upside of Turbulence)」, 안세민 옮김, 청림출판, 2009.
- 마이클 레이너, 뭄타즈 아메즈, 「탁월함은 어떻게 만들어지는가: 세계적 컨설팅기업 딜로이트가 빅데이터로 밝혀낸 3가지 성장법칙」, 딜로이트컨설팅 옮김, 청림출판, 2014.
- 로렌스 G. 히레비니액, 「전략실행: CEO의 새로운 도전」, AT커니코리아 옮김, 럭스미디어, 2007.
- H.W.BRANDS, 「꿈을 경영하는 CEO」, 여현덕 옮김, 지식넷, 2002.
- 애덤 그랜트, 「오리지널스: 어떻게 순응하지 않는 사람들이 세상을 움직이는가」, 홍지수 옮김, 한국경제신문사, 2016.
- 윌리엄 손다이크, 「아웃사이더(The Outsiders)」, 이우창 옮김, IGM세계경영연구원, 2013.
- 정순원, 「경제학자 CEO 현장에서 경영을 말하다」, 원앤원북스, 2009.
- 조안 마그레타, 「경영이란 무엇인가」, 권영설, 김홍열 옮김, 김영사, 2005.
- 짐 콜린스, 「위대한 기업을 위한 경영전략」, 임정재 옮김, 위즈덤하우스, 2002.

- 타일러 코웬, 「기업을 위한 변론」, 한국경제신문, 2019.
- 티모시 버틀러, 「하바드 머스트 리드 기업가정신과 스타트업: 기대한 아이디어의 파고를 뛰어넘는 기업가정신(HBR's 10 Must Reads on Entrepreneurship and Startup)」, 매일경제신문사, Harvard Business Review Press, 2018.
- 클레이튼 M. 크리스텐슨, 마이클 E. 레이너, 「성장과 혁신(HBSP 경제경영총서 30)」, 딜로이트컨설팅코리아 옮김, 세종서적, 2005.
- 클레이튼 M. 크리스텐슨 외, 「미래기업의 조건」, 비즈니스북스, 2005.
- 클레이튼 M. 크리스텐슨 외, 「일의 언어: Theory of Jobs to Be Done」, RHK, 2016.
- 크리스 주크, 제임스 앨런, 「창업자 정신: 베인앤드컴퍼니가 30년의 추적을 통해 밝혀낸 기업 성장의 비밀!」, 안진환 옮김, 한국경제신문사, 2016.
- 피터 드러커, 「미래사회를 이끌어가는 기업가정신」, 한국경제신문, 1985.
- 프레드 라이켈트, 「지속적 성장을 위한 1등 기업의 법칙」, 정지택 옮김, 청림출판, 2006.
- 황인학, 「2016년 한국의 기업가정신 지수 추정」, 한국경제연구원, 2017.
- 홍성태, 「그로잉 업(Growing Up)」, 북스톤, 2019.
- Aswarth Damodaran, Damodaran on Valuation, John Wiley & Sons, 2006.
- Christensen, Clayton M., How Will You Measure Your Life?, Harper, 2012.

- Mauboussin, Michael J, The Success Equation, Harvard Business School Press, 2012.
- 월스트리트저널(WSJ), 2019.8.
- 중소기업뉴스, http://news.kbiz.or.kr, 2019.01.28.
- 매일경제, 2018.11.28.
- 한경비즈니스, 1217호, 2019.3.

[첨부 1]

2017 GEDI(Global Entrepreneurship and Development Institute)의 글로벌 기업가정신지수(GEI) 변수: 개인 및 제도적 속성 변수

항목 (14지표)		변수이름	
		개인 변수 (Individual Variables)	제도 변수 (Institutional Variables)
열망	제품혁신	new product	tech transfer
	공정혁신	new technology	science GERD*Quality & Availability
	고도성장	gazelle	venture capital * biz sophistication
	국제화	export	economic complexity
	모험자본	informal investment	depth of capital market
능력	기업창업	opportunity motivation	Governance (taxation * good governance)
	기술흡수	technology level	technology absorption
	인적자본	education level	(staff training* labour freedom)
	경쟁	competitors	market dominance * regulation
태도	기회인식	opportunity recognition	economic freedom *property rights
	창업역량	skill perception	tertiary edu *quality of education
	위험감수	risk perception	country risks
	네트워킹	know entrepreneurs	agglomeration: urbanization * infrastructure
	문화적 지원	career* status	corruption

* 자료: Ács-Szerb-Autio-Lloyd, 「Global Entrepreneurship Index powered by GEDI」, 2017.
* 참고: 변수 중에 이탤릭체로 표시된 부분은 2017 GEI에서 새롭게 추가된 부분임.

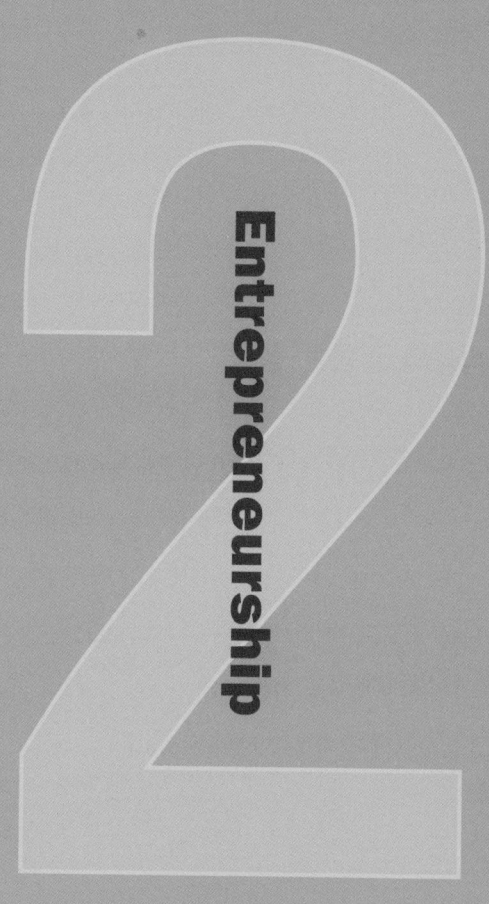

2
Entrepreneurship

LG생활건강, 차석용

가치창출 기업가 및 기업가정신

Chapter 2. LG생활건강, 차석용[19]

구원투수 차석용의 괄목한 성과

LG생활건강(주)(이후 LG생건)은 2001년 LG화학에서 분리된 직후 연 매출 1조 2천억 원, 영업이익 1천억 원이었고, 분리 직후 실적이 내림세를 보이면서 매출이 매년 5% 이상 줄어 2003~2004년에는 구조조정 이야기가 나올 정도로 경영 여건이 좋지 않았다. 이에 LG그룹은 2004년 12월에 차석용 부회장을 전격 스카우트하여 구원투수의 역할을 맡겼는데, 당시 LG그룹에서 외부 인사를 사장으로 영입하는 것은 매우 드문 일이었다.

LG생건은 2004년에는 매출 1조 원에 영업이익이 600억 원 수준이었는데, 차부회장이 맡은 후 비약적인 성장을 이루어 2019년에 와서는 매출 7조 6,854억 원, 이익은 1조 1,764억 원을 시현하여 매출은 거의 7.7배 증가하였으며, 이익은 19.6배 증가하였다. 또한 같은 기간 주가는 2004년 말 27,450원에서 2020년 2월 초 140만 원 수준으로 올라 51배 올랐고, 시가총액도 4,287억 원에서 21조 9,279억 원으로 51배

---

19) 김세진 | 한국펀드평가(주) 대표이사, marc4196@gmail.com

가 넘게 증가하는 놀라운 수준의 가치상승을 시현하였다.[20]

〈그림 2〉에서, LG생건의 주가 움직임은 KOSPI 및 동종업계의 주식과 비교하여 괄목한 상승 움직임으로 보인다. 특히 2004년부터 최근까지 2013년 및 2016년의 부진한 모습을 제외하고는 지속적인 성장세를 보이며, 국내 화장품 업계의 선두 주자였던 아모레퍼시픽(주)의 주가와 비교하면 월등한 움직임을 보여주고 있다. 특히 2016년 사드사태 이후 아모레퍼시픽의 주가는 중국 시장에서의 부진으로, 큰 폭으로 하락한 후 부진한 모습을 보이지만 LG생건은 중국 시장에서 한국화장품의 부진에도 불구하고 중국에서 선전하여 주가가 지속해서 상승하는 대조적인 모습을 보인다.

〈그림 3〉은 LG생건과 아모레퍼시픽의 시가총액 추이를 보여주고 있는데, 2020년 2월 초 현재 LG생건과 아모레퍼시픽의 시가총액은 각각 21조 9천억 원 및 11조 1천억 원으로 LG생건의 시가총액이 아모레퍼시픽보다 2배가 크다. 아모레퍼시픽의 시가총액은 2015년 정점 때 25조 원에 달하였다가 2016년부터 크게 추락하여 8조 원까지 하락하였다가 최근 소폭 반등하였으나, LG생건의 경우 시가총액이 지속적인 증가세를 보인다.

---

20) 홍성태, 「그로잉 업(Growing Up)」, 북스톤, 2019.

<그림 2> LG생활건강 주가 추이

* 자료: NICE평가정보

<그림 3> LG생활건강 시가총액 추이

* 자료: NICE평가정보

〈그림 4〉 KOSPI 수익에 대한 LG생활건강 누적초과수익률 추이

* 자료: NICE평가정보

〈그림 4〉는 KOSPI 수익률 대비 LG생건의 주가수익률을 보여주고 있는데, 이는 2003년 초에 1억 원을 투자한다고 가정할 때, 2019년 9월 초에 와서 KOSPI 지수에 투자한 경우 1.7억 원이 되었으나, LG생건에 투자한 경우 40억 원이 되었으며, 아모레퍼시픽에 투자한 경우 2.3억 원이 되었다는 것이다. LG생건에 투자한 경우 2003년 이후 한 번도 KOSPI 수익보다 낮은 적이 없으며, 최근 들어와 격차가 빠르게 확산하고 있다. 또한 경쟁사인 아모레퍼시픽과 비교하여 큰 격차를 보여주고 있다.

<그림 5> LG생활건강 & 아모레퍼시픽 성장성 비교 – 매출성장률

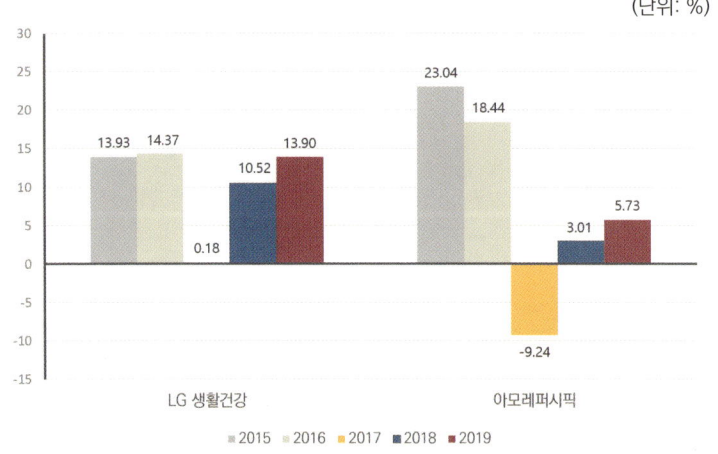

* 자료: NICE평가정보

<그림 6> LG생활건강 & 아모레퍼시픽 수익성 비교 – 영업이익률

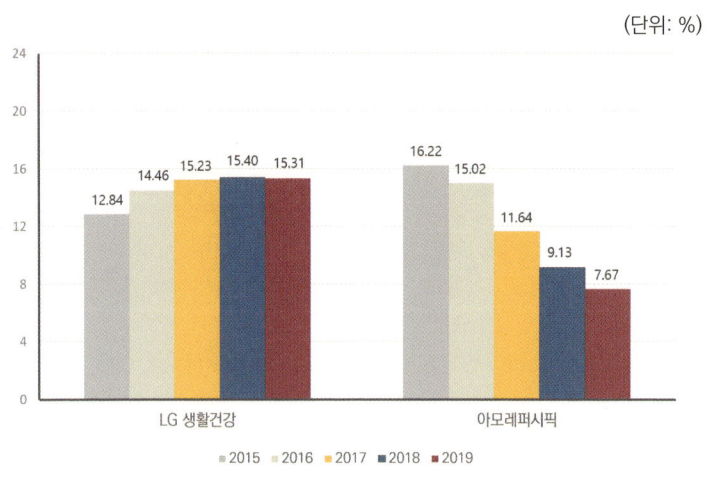

* 자료: NICE평가정보

〈그림 7〉 LG생활건강 안정성 – 부채비율 추이

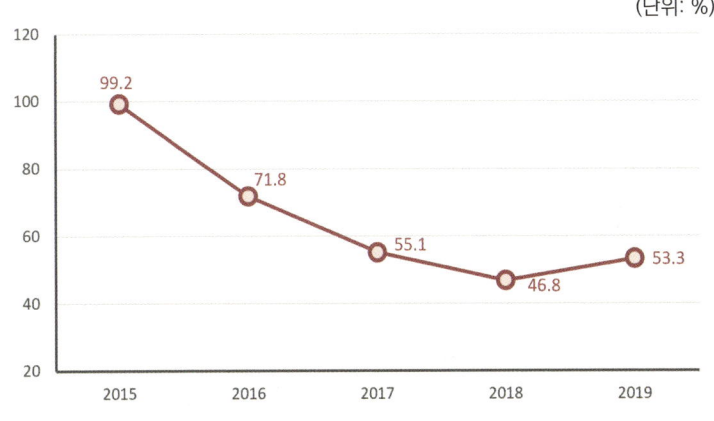

(단위: %)

* 주: IFRS 연결재무제표 기준
* 자료: NICE평가정보

〈그림 5〉와 〈그림 6〉은 LG생건의 최근 성장성과 수익성을 동종업계 및 상장사 평균과 비교한 것으로 성장성 및 수익성 모두 동종업계 및 상장사 평균과 비교하여 괄목한 성과를 보여주고 있으며, 상승세를 보이는 것이 특징이다. 또한 〈그림 7〉은 LG생건이 지속해서 인수·합병을 추진해 왔음에도 불구하고 부채비율이 높지 않을 뿐 아니라 지속적으로 개선되었다는 것을 보여주고 있어 그동안의 인수·합병이 재무적으로도 성공적으로 추진됐음을 시사하고 있다.

〈표 1〉과 〈표 2〉는 국내 화장품 업계에서 1위 자리를 두고 서로 치열하게 경쟁하는 LG생건과 아모레퍼시픽의 주요 경영지표를 보여주고 있다. 아모레퍼시픽도 2015년까지는 LG생건에 뒤지지 않는 괄목한 성과를 보여주고 있으나, 2017년부터 대다수 주요 경영지표에서 LG생건

에게 뒤처지고 있다. 사드사태로 한국화장품이 중국에서 크게 부진하였다. 2017년에 아모레퍼시픽의 매출은 -9.24%로 크게 역신장하였는데, 반면에 LG생건은 0.18% 성장하였다. 2019년에도 아모레퍼시픽의 매출은 5.73% 성장하였으나, LG생건의 매출은 13.90% 성장하였다.

〈표 1〉 LG생활건강 실적 추이

(단위: 억 원, %)

연도	매출	영업이익	순이익	매출액 성장률	영업 이익률	당기 순이익률
2008	19,677	1,827	1,233	15.21	9.28	6.30
2009	22,165	2,281	1,580	12.64	10.29	7.10
2010	28,265	3,468	2,370	27.52	12.27	8.40
2011	34,561	3,702	2,715	22.27	10.71	7.90
2012	38,962	4,455	3,120	12.74	11.43	8.00
2013	43,263	4,964	3,657	11.04	11.47	8.50
2014	46,770	5,110	3,546	8.11	10.93	7.60
2015	53,285	6,841	4,704	13.93	12.84	8.80
2016	60,941	8,809	5,792	14.37	14.46	9.50
2017	61,051	9,300	6,183	0.18	15.23	10.10
2018	67,475	10,393	6,923	10.52	15.40	10.30
2019	76,854	11,764	7,882	13.90	15.31	10.30
평균				13.54	12.47	8.57

* 주: IFRS 연결재무제표 기준
* 자료: NICE평가정보

〈표 2〉 아모레퍼시픽 실적 추이

(단위: 억 원, %)

연도	매출	영업이익	순이익	매출액 성장률	영업이익률	당기순이익률
2008	16,783	2,464	1,702	15.16	14.68	10.10
2009	19,404	3,092	2,259	15.62	15.93	11.60
2010	22,723	3,645	2,876	17.10	16.04	12.70
2011	25,547	3,729	3,273	12.43	14.59	12.80
2012	28,495	3,653	2,693	11.54	12.82	9.40
2013	31,004	3,698	2,674	8.81	11.93	8.60
2014	38,740	5,638	3,851	24.95	14.55	9.90
2015	47,666	7,729	5,848	23.04	16.22	12.30
2016	56,454	8,481	6,457	18.44	15.02	11.40
2017	51,238	5,964	3,980	−9.24	11.64	7.80
2018	52,778	4,820	3,348	3.01	9.13	6.30
2019	55,801	4,278	2,238	5.73	7.67	4.00
평균				12.22	13.35	9.74

* 주: IFRS 연결재무제표 기준
* 자료: NICE평가정보

기업가치 창출 전략: Organic Growth, 타 산업 인수 및 자사주 매입 등

기업가치를 창출하는 첫 번째 전략은 Organic Growth이다. 이는 생산, 인사, 마케팅, 재무 등 기업의 전 분야에서 내부 혁신을 통해 효율성을 높이고 현금흐름을 개선하여 기업가치를 올리고 신제품 출시와 신사업 진출 등을 통해 기업의 매출과 이익을 지속해서 증대시키는 방법이다. 이와 같은 전략은 기업경영의 지속성과 안정성을 유지하면서 기업의 가치를 향상하는 장점이 있으나, 대다수의 경우 기업 내부의 많은 장애물과 저항으로 효과를 내기가 어려울 뿐 아니라, 설사 성공적으로 추진한다고 해도 시간이 상대적으로 오래 걸리는 단점이 있다.[21]

두 번째 전략은 인수·합병 전략으로 경쟁회사를 인수하여 시장점유율을 높이거나, 타 산업의 기업을 인수하여 타 산업으로 진출하는 방식이다. 인수·합병 전략은 단기간 내에 시장구조를 개선하거나 타 산업으로 진출할 수 있는 장점이 있으나, 타 기업 인수에 따른 재무적 부담과 인수 이후 기존 회사와의 통합 과정에서의 마찰 등으로 많은 인수·합병이 성공적인 결과를 가져오지 못한다는 단점을 보인다.

세 번째 전략은 자사주 매입을 통해 기업의 가치를 올리는 방법으로 CEO는 생산, 마케팅, 인사 등에 있어서 기업을 효율적으로 운영

---

[21] 기업인들은 자신의 경영원칙을 뒷받침하기 위해 업무 프로세스, 자원, 외부여건, 기업문화를 강화하나, 시장이 빠르게 변화하는데, 기업 경영자들은 자신이 만들어 놓은 멘탈 맵에 얽매여 빠져나오지 못하는 경향을 보인다. 이를 활동적 타성(Active Inertia)이라고 지적하고 있다.(pp.15), 도널드 설, 「혼돈을 넘어 위대한 기업으로(The Upside of Turbulence)」, 청림출판, 2009.

할 뿐 아니라 기업이 보유하고 있는 자본을 효율적으로 운영(Capital Allocation)할 책임이 있다. 주식시장이 국내외 거시적 요인 등으로 인해 주가가 전반적으로 크게 하락할 경우, 당사 주식이 저평가되어 있어 자사주 매입을 통해 기업가치를 높일 수 있다. 이 경우 기업의 보유자금을 주식매입에 사용하는 단점이 있으나, 저가로 평가된 자사 주식을 매입함으로써 향후 주식시장의 주가가 전반적으로 오를 때 기업가치를 크게 올리는 효과가 있다.[22]

매일경제신문은 2018년 11월 차 부회장의 연임 기사를 다루면서[23], 차 부회장의 유임 배경은 단연 '실적이다'라고 지적한다. LG생활건강은 차 부회장이 사장으로 취임한 2005년 이후 13년째 매년 최대 실적을 경신하고 있다. LG생건에서 차 부회장이 추진한 가치창출 전략으로는 (1)M&A 전략과 (2)내부혁신을 통한 Organic Growth를 들 수 있다.

성공 요인 1: 중장기 원칙 있는 M&A

차 부회장은 인수·합병(M&A)의 귀재로 꼽힌다. LG생건은 2007년 코카콜라음료 지분 90%를 사들이면서 음료 사업에 진출했다. 이후 2009년 다이아몬드샘물과 한국음료를 인수한 데 이어 2011년에는 해

---

22) 윌리엄 손다이크, 「아웃사이더(The Outsiders)」, 아이지엠세계경영연구원, 2013, pp.11.
23) '13년 연속 성장 차석용 LG생활건강 부회장, 유임 성공', 2005년 사장 취임 이후 실적 '고공행진' 이끌어… 매일경제, 2018.11.28.

태음료(현 해태htb)까지 품으면서 연 매출 1조 원대의 사업 부문을 완성했다.

특히, 2007년 코카콜라음료를 인수하며 음료 사업에 진출하고 이어서 2009년 다이아몬드샘물, 2010년 한국음료, 2011년에는 해태음료 등을 차례로 인수한 것이다. 이와 같은 과감하고 체계적인 인수를 통해 LG생건은 음료 시장에서 확실한 입지를 다졌다. 또한, 2013년에 '영진구론산 바몬드'로 잘 알려진 영진약품의 드링크사업 부문을 인수하여 음료 사업의 영역을 확대하였다.

또한 2010년 더페이스샵을 인수하면서 화장품 사업을 획기적으로 확대하였다. 이후 2012년 색조 부문을 강화하기 위해 바이올렛드림과 일본의 화장품 브랜드 긴자 스테파니 코스메틱스를 인수했고, 2013년에는 일본의 에버라이프를 인수하였으며, 2014년에는 화장품에 피부과학 기술을 적용하는 CNP코스메틱스를 인수하여 '더마코즈메틱'시장까지 진출하였다.

LG생건은 2018년 4월에 LG생건이 100%의 지분을 보유하고 있는 일본 자회사 긴자스테파니를 통해 50년 역사의 일본화장품 기업 에이본재팬을 인수하여 일본에서의 화장품 사업기반을 마련하였다. 일본 화장품 시장은 유통시장과 제조시장에서 외국기업이 들어가기에 진입장벽이 매우 높다. 차 부회장은 그 특성을 이해하고 2012년부터 순차적인 인수합병을 통해 일본 시장에 교두보를 마련한 것이다.

차부회장이 2004년 말 취임 후 지금까지 LG생건의 비약적 성장을 이룩한 배경에는 장기에 걸친, 원칙이 있는 인수합병(M&A)이다. 차부회장이 취임 후 지금까지 인수한 회사만 대략 18곳이다. 차 부회장은 아주 꼼꼼한 인수합병으로 음료를 비롯해 생활용품, 화장품이라는 거대한 포트폴리오를 구축하여 지금의 LG생건을 만들었다. 그렇기에 LG생건은 2005년 차석용 취임 이전과 이후로 나뉜다는 평가를 듣는다.[24]

성공 요인 2: 뷰티-음료-생필품 삼각편대, 안정적인 사업 포트폴리오 구축

LG생건이라고 하면 아직도 치약, 비누 등 생활용품을 전문으로 하는 기업으로 인식하는 사람들이 많다. 그러나 그것은 차 부회장 이전의 LG생건의 사업구조이다. 당시에는 생활용품의 매출 비중이 70%에 이르렀는데, LG생건은 2018년 매출 중 화장품 비중이 54%, 음료 비중이 22%, 생활용품 비중이 24%로 안정적인 사업 포트폴리오를 구축하였다.[25] 화장품, 음료, 생활용품 등 3가지 사업은 각각 성수기와 비수기의 흐름이 서로 다르다. 예를 들어서 화장품은 여름에 덜 팔리지만, 음료는 이때가 성수기다. 3가지 핵심 사업이 일 년 내내 서로 보완해주면서 실적을 유지하고 있다.[26]

---

24) LG생건은 2019년 더페이스샵을 통해서 에이본의 중국 생산기지인 광저우 공장 지분을 100%를 인수했다.

25) 2018년 LG생건의 총 매출은 연결기준으로 6조 7천억 원대이며, 이 중 화장품이 3조 6천억 원대, 음료가 1조 5천억 원대, 생활용품이 1조 6천억 원대이다.

26) 홍성태, 「그로잉 업(Growing Up)」, 북스톤, 2019, pp.61.

LG생건 내부에서는 각 사업의 역할을 나무에 비유하여 음료는 토양과 비료, 생활용품은 뿌리와 줄기, 화장품은 꽃과 열매라고 표현하기도 한다. 토양이 없으면 뿌리와 줄기가 있을 수 없으며, 뿌리와 줄기가 없으면, 꽃을 피우지 못하고 열매를 맺지 못한다.

차 부회장의 사업 포트폴리오는 위기에서 그 진가를 드러냈다. LG생건의 화장품 부문은 2017년에 오랫동안 업계 1위 자리를 지키던 아모레퍼시픽을 제치고 명실상부 1위에 올랐다. 2017년 3월부터 중국의 사드(THAAD · 고고도미사일방어체계) 보복으로 중국인 관광객 수가 급감하여 국내 면세점 매출이 30% 수준으로 감소한 시기에 아모레퍼시픽은 큰 폭의 매출 하락을 경험하였으나, LG생건의 경우 오히려 매출이 증가하였다.

성공 요인 3: 고가 화장품으로 영역 확대

화장품은 LG생건의 핵심사업이다. 차 부회장은 화장품 주력 제품을 중저가에서 고가로 이동시켰다. 중국의 사드 보복으로 국내 화장품 기업들이 어려움을 겪었는데, 주로 중저가 화장품 라인이 고생했다. 중국 화장품 시장에서 LG생건은 고가 화장품 브랜드로 포트폴리오를 다변화하면서 사드 보복을 피할 수 있었다. 사드 여파 속에서도 고가 화장품 라인은 두 자릿수 이상이나 매출이 늘어 오히려 성장했다.

또한 중국 시장에서 고가의 프리미엄 화장품 시장이 급격하게 열린 것도 LG생건에는 큰 기회였다. 고가 브랜드인 '후'는 2018년 매출이 2017년에 비해 40% 이상 증가하면서 2조 원을 돌파했다.[27]

차 부회장은 2019년 초 신년사에서도 "화장품 사업의 럭셔리 성장 및 프리미엄 경쟁력 상향, 생활용품 사업의 차별화된 제품 통한 해외사업 강화, 음료사업의 생수사업 활성화 등을 추진해야 한다"라며 내진설계를 강조한 바 있다.[28]

성공 요인 4: 내부 프로세스 혁신

차부회장이 CEO를 맡으며 추진해 온 내부 프로세스 혁신은 거창한 것이 아니다. 쓸데없는 회의는 하지 말자, 보고서는 한 페이지로 작성하며 되도록 구두로 보고하자, 정해진 시간에 열심히 일하고 일찍 퇴근하자 등이다. 이러한 일들은 너무나 상식적이고 일반적인 것으로 누구나 어느 기업이나 다 할 수 있을 것으로 생각되나, 막상 실제로 추진하고자 할 때 이를 지속해서 추진하여 기업문화로 정착시키기는 쉬운 일이 아니다.

---

27) 한국 화장품들이 사드사태 이후 중국 시장에서 고전을 면치 못하고 있으나, LG생건은 중국 내 화장품 사업에서도 성장세를 이어가고 있다. 현지 대도시 백화점 위주의 VIP 마케팅 등 차별화 전략을 통해 '후'와 '숨' 등 중국 내에서 럭셔리 라인의 매출이 높은 성장률을 나타내고 있다.

28) 중소기업뉴스, http://news.kbiz.or.kr, 2019.1.28.

그러나 차 부회장은 자신부터 이들을 철저하게 실천함으로써 기업 내부 모두가 따라 하도록 만들었다. 차 부회장은 취임 후 지금까지 거의 15년간을 출장 등 특별한 행사가 없는 경우 오전 6시에 출근해서 각종 서류를 검토하고, 오전 8시부터 사무실을 오픈하여 오후 4시에 칼퇴근 하는 루틴을 지키고 있다.[29]

차 부회장이 LG생건에 처음 와서 한 일은 인수·합병도 신사업 개발도 아니고 리노베이션(renovation)이다. 이노베이션이 기존 방식을 버리고 새롭게 하는 것이라면 리노베이션은 기존 방식을 수선해서 더 잘되게 하는 것이다. 차 부회장은 "이렇게 좋은 조직, 이렇게 좋은 제품, 이렇게 좋은 체질을 가진 사람들이 이것밖에 못하는 건 말이 안 된다"고 하면서, 보유하고 있는 좋은 자원을 최대한 활용하는 전략을 추진해왔다.[30]

차 부회장은 부임 후 먼저 보고도, 조직도 모두 단순화를 추진하였다. 이런 단순화(simplicity)는 모든 활동에 소비자를 중심에 두고 상품개발 및 마케팅에서 꼭 필요한 것(core)은 더욱 강조하고, 나머지는 과감하게 축소 또는 없애는 것(compact)이다. 또한 빠른 실행은 빠른 결정에서 나온다고 보고 스피드를 강조하였다. 스피드는 적시성을 말하며 유행이 자주 변하는 화장품 사업의 경우 적시성이 매우 중요하다. 또한 차 부회장은 전 조직에 솔직함(straightforward)을 강조하여 나쁜 소식은 24시간 안에 보고한다는 등 조직 내에서 소통을 강조할 뿐 아니라 좋은 소식이든 나쁜 소식이든 명확하고 빠르게 전달되도록 하였다.

---

29) 홍성태, 「그로잉 업(Growing Up)」, 북스톤, 2019, pp.7.
30) 홍성태, 「그로잉 업(Growing Up)」, 북스톤, 2019, pp.21.

즉 차 부회장은 3S(Simplicity, Speed, Straightforward)를 통해 내부 프로세스 혁신을 강력하게 추진했으며, CEO 본인의 솔선수범이 혁신의 동력으로 작용하여 LG생건을 국내 최고의 기업 중 하나로 발전시켜왔다.

성공 요인 5: LG그룹의 전폭적 지원

차 부회장은 LG그룹에서 가장 성공적인 외부 인재 영입 사례로 꼽힌다. 차 부회장은 미국 P&G에 입사한 지 14년 만에 한국 P&G 총괄사장에 오를 때까지 화장품과 생활용품 사업에서 오랜 경험을 쌓았으며, 이후 해태제과 대표이사로 영입돼 식음료 사업에도 전문성을 갖게 되었다. 특히 3년 안에 법정관리를 받고 있던 해태제과를 흑자로 전환했다. 2004년 12월에 LG생건으로 옮겨 뛰어난 성과를 보여주었고, 2012년 부회장으로 승진했다.

LG그룹에서 LG생건 차 부회장은 상징적인 인물이다. 국내 대기업의 경우 내부 순혈주의 인사원칙에 따라 공채 출신들이 주요 요직에 오르는 것이 일반적인데, 차 부회장이 2005년부터 지금까지 LG생건의 대표를 맡아 올 수 있었던 것은 물론 차 부회장의 놀라운 성과 때문이지만, 동시에 LG그룹의 전폭적인 지지가 있었기 때문이다.

참고 문헌

- 다니엘 아이젠버그, 「하버드 창업가 바이블」, 유정식 옮김, 다산북스, 2014.
- 도널드 설, 「혼돈을 넘어 위대한 기업으로(The Upside of Turbulence)」, 안세민 옮김, 청림출판, 2009.
- 윌리엄 손다이크, 「아웃사이더(The Outsiders)」, 이우창 옮김, IGM 세계경영연구원, 2013.
- 클레이튼 M. 크리스텐슨, 마이클 E. 레이너, 「성장과 혁신(HBSP 경제경영총서 30)」, 딜로이트컨설팅코리아 옮김, 세종서적, 2005.
- 홍성태, 「그로잉 업(Growing Up)」, 북스톤, 2019.
- Mauboussin, Michael J, The Success Equation, Harvard Business School Press, 2012.
- 중소기업뉴스, http://news.kbiz.or.kr, 2019.01.28.
- 매일경제, 2018.11.28.

3 Entrepreneurship

한국콜마, 윤동한

가치창출 기업가 및 기업가정신

Chapter 3. 한국콜마, 윤동한[31]

한국콜마의 성장전략

2019년 6월 초 뉴스1과의 인터뷰에서 한국콜마의 윤동한 회장은 "한국콜마는 화장품, 제약, 건강식품 3개 사업만 한다. 자기네 회사를 하라는 곳들이 있지만, 다른 분야는 하지 않는다며 아는 것만 해야 하고 무한정 사업 영역을 넓힌다 해서 시너지를 내지 못한다"고 강조했다. 윤동한 회장은 화장품, 제약, 건강식품으로 글로벌 선두 회사가 되겠다는 확신 아래 "이 부분에서 경쟁력을 높일 수 있다면 추가 인수·합병을 하겠다"라고 말했다. 한국콜마는 2018년 초에 CJ헬스케어를 인수하였다.[32) 33)]

CJ헬스케어는 매출액(2017년 기준 5,208억 원) 기준으로 국내 제약업계 10위 안에 드는 상위 제약사다. 화장품과 제약사업을 동시에 하는 한국콜마는 이번 인수로 제약 부문을 강화할 수 있게 됐다. 한국콜마의

---

31) 김세진 | 한국펀드평가(주) 대표이사, marc4196@gmail.com
32) 뉴스1, 2019.6.25.
33) 한국콜마는 2018년 2월에 CJ헬스케어를 1조 3,100억 원에 인수하였다. 윤동한 회장은 한국콜마 제약사업과 CJ헬스케어를 합쳐 시너지 효과를 극대화하겠다는 전략을 갖고 CJ헬스케어를 인수하여 사명을 HK이노엔으로 변경하였다.

2017년 매출은 8,216억 원으로, 이 중 제약 부분은 1,900억 원가량이었다. 이번 CJ헬스케어 인수를 통해 매출 7천억 원대 제약회사로 도약할 전망이다. 한국콜마 측은 양사 시너지 효과로 매출 1조 원 달성도 넘보고 있다. 한국콜마는 CJ헬스케어 인수를 통해 제약사업을 강화하고 2022년까지 신약 개발 중심의 국내 '톱 5' 제약사로 도약한다는 계획이다.

한편 한국콜마는 2020년 들어와 코로나19로 인해 화장품 부문에서 OEM사업이 부진한 가운데, 제약부문에서도 제네릭 기반 CMO 제약사업의 업황이 악화되자 선제적 조치로 재무구조를 개선하고 제약사업의 구조적인 변화를 위해서 한국콜마의 제약 CMO사업 부문과 콜마파마를 매각하기로 결정하였다.[34]

이번 매각으로 한국콜마는 HK이노엔(구, CJ헬스케어)과 화장품 OEM사업에 더욱 집중할 것으로 보이며, 매각대금은 HK이노엔(구, CJ헬스케어) 인수 대금 등 차입금 상환에 사용할 것으로 예상된다. 향후, 한국콜마홀딩스(지주회사)는 산하 한국콜마, HK이노엔, 콜마비앤에이치 등의 주력 계열사를 통해 화장품, 의약품, 건강기능식품 등 각각의 사업 역량을 강화할 것으로 보인다.

---

34) 2020년 5월에 한국콜마는 IMM프라이빗에쿼티에 한국콜마의 제약 CMO사업 부문과 콜마파마를 매각하기로 협의하였고, 2020년 12월에 제약 CMO사업 부문 3,011억 원, 콜마파마 1,506억 원으로 총매각가 4,517억 원에 매각하기로 하였다.

훌륭한 기업을 만들겠다는 꿈을 갖고 시작한 한국콜마

한국콜마의 창업자 윤동한 회장은 1990년 43세에 화장품 OEM업체 일본콜마와 손잡고 한국콜마를 설립했다. 윤동한 회장은 대웅 제약회사의 부사장직을 사임하고 4명의 직원과 회사를 창업하였는데, 창립 29년인 2019년에 직원 수는 3,800명으로 늘었고 한국콜마는 국내 화장품을 대표하는 업체로 자리 잡았다.[35]

뉴스1 인터뷰(2019)에서 윤동한 회장은 이렇게 말했다. "창업 후 앞만 보고 달렸습니다. 남들이 쉬는 주말에 잠시 갖는 휴식 시간조차 사치로 느꼈어요. 이렇게 일할 수 있는 이유는 제가 '꿈'이 있었기 때문입니다. 훌륭한 기업을 만들겠다는 꿈 말이죠. 예비 창업자는 회사를 만들기 전에 스스로 돌아봐야 해요. 자신이 이 '일'을 즐기는가. 그리고 진심으로 바라는 꿈인가. 꿈이 있어야 고난을, 위기를, 삶의 장애물을 극복할 수 있었습니다."

당시 국내 화장품 산업은 다른 산업에 비해 영세한 편이었다. 윤동한 회장은 화장품 회사를 세우기 위해서는 화장품 선진기술을 가진 기업의 투자가 필요하다고 여겨 미국의 콜마(Kolmar) 본사를 찾아갔다. 미국 콜마는 윤동한 회장에게 한국과 지리적으로 가까운 일본 콜마와의 협업을 제안했고, 윤동한 회장은 그 제안을 받아들여 일본 콜마와 합작으로 1990년 5월 한국콜마를 설립했다.[36]

---

35) 뉴스1(2019) 인터뷰에서, 윤동한 회장은 "대웅제약 시절 경험한 품질관리 비결은 훗날 화장품 사업하는 데 큰 도움이 됐다"고 거듭 강조했다.
36) 변진호, 신정순, "얼굴없는 화장품 회사에서 뷰티·헬스그룹으로-한국콜마",

〈그림 8〉에서, 한국콜마의 주가는 KOSPI 및 경쟁회사인 코스맥스의 주식과 비교하여 상대적으로 안정세를 보인다. 특히 2014년부터 중국에서의 한류열풍에 힘입어 한국 화장품이 급성장할 때 한국콜마와 코스맥스 주가는 2배 이상 오르는 급등세를 보였으며, 2017년 사드사태 이후 한국 화장품들이 중국 시장에서 부진함에 따라 주가는 내림세를 보이는데 코스맥스의 급락세에 비교하여 한국콜마는 비교적 안정적인 모습을 보인다.

〈그림 9〉는 한국콜마와 코스맥스의 시가총액 추이를 보여주고 있는데, 두 회사 모두 2014년 가을 최고점에 달하였다가 지속해서 하락하고 있다. 한국콜마의 경우 2020년 2월 초 현재 시가총액이 1조 914억 원에 이르고, 코스맥스는 7,577억 원에 이르는데 한국콜마의 경우 한국콜마홀딩스의 시가총액이 4,296억 원에 이르기 때문에 한국콜마와 홀딩스를 합하면 시가총액은 1조 5,210억 원에 달한다.

「Asian Entrepreneurship Review」, 2017.

<그림 8> 한국콜마 주가 추이

* 자료: NICE평가정보

<그림 9> 한국콜마 시가총액 추이

* 자료: NICE평가정보

〈그림 10〉 KOSPI 수익에 대한 한국콜마 누적초과수익률 추이

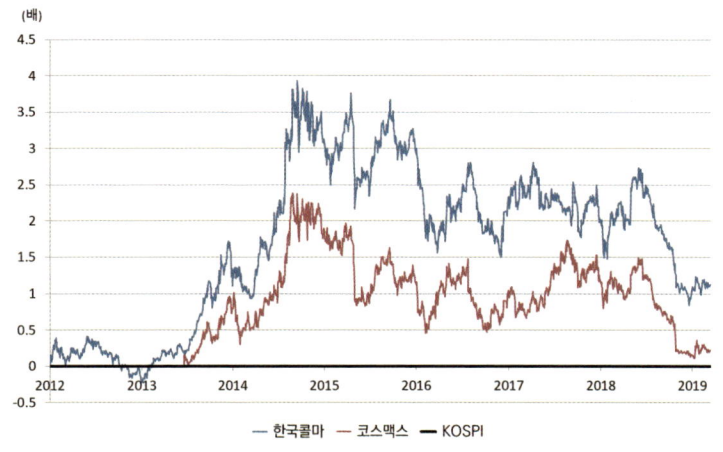

* 자료: NICE평가정보

〈그림 10〉은 KOSPI 수익률 대비 한국콜마와 코스맥스의 주가수익률을 보여주고 있는데, 이는 KOSPI의 주가수익률을 차감한 수치로 2012년 초에 1억 원을 투자한다고 가정할 때, 2019년 9월 초에 와서 KOSPI 지수에 투자한 경우 1.05억 원이 되었으나, 한국콜마에 투자한 경우 2억 원이 되었으며, 코스맥스에 투자한 경우 1.3억 원이 되었다는 것이다.

〈그림 11〉과 〈그림 12〉는 한국콜마와 코스맥스의 최근 성장성과 수익성을 동종업계 및 상장사 평균과 비교한 것으로 성장성 및 수익성 상장사 평균과 비교하여 좋은 성과를 보여주고 있다. 〈그림 13〉은 한국콜마가 최근 여러 차례 인수·합병을 추진해 옴에 따라 부채비율이 다소 증가한 것으로 나타나고 있다. 2018년 초 CJ헬스케어의 인수·합병으로 부채비율이 180% 수준까지 늘어났으나, 이번 한국콜마의 제약 CMO사업 부문 및 콜마파마의 매각을 통해 부채비율이 130% 수준으로 낮아질 것으로 보인다.

〈그림 11〉 한국콜마 & 코스맥스 성장성 비교 - 매출성장률

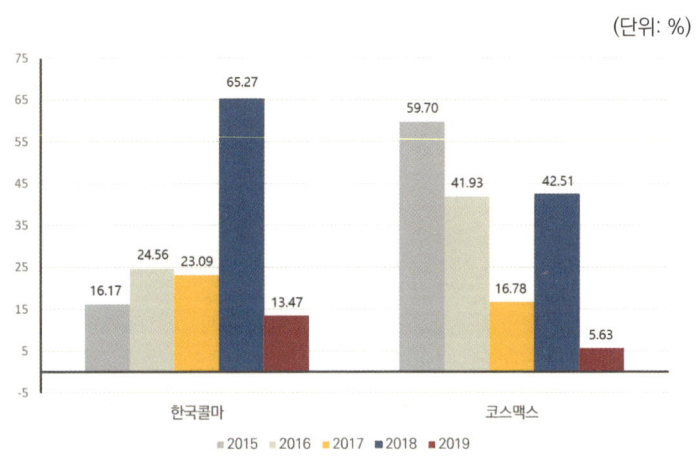

* 자료: NICE평가정보

〈그림 12〉 한국콜마 & 코스맥스 수익성 비교 - 영업이익률

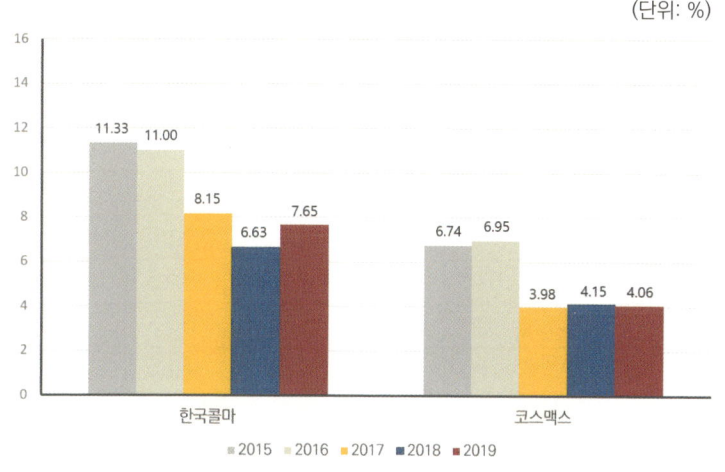

* 자료: NICE평가정보

〈그림 13〉 한국콜마 안정성 - 부채비율 추이

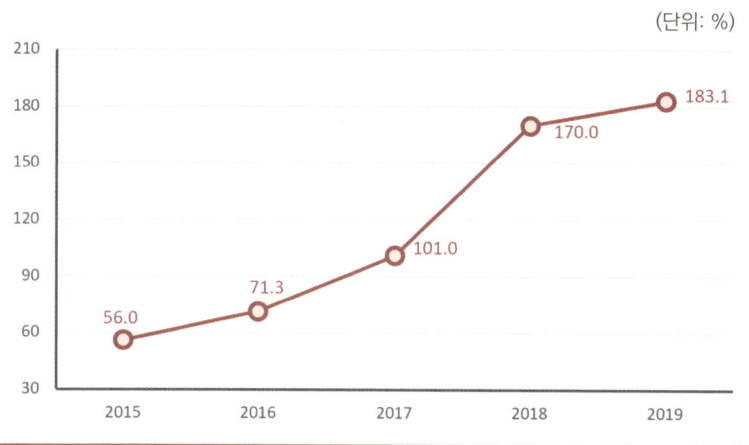

* 주: IFRS 연결재무제표 기준
* 자료: NICE평가정보

<표 3> 한국콜마 실적 추이

(단위: 억 원, %)

연도	매출	영업이익	순이익	매출액 성장률	영업이익률	당기순이익률
2013	2,822	197	141	-	6.97	5.00
2014	4,613	468	328	63.43	10.16	7.10
2015	5,358	607	455	16.17	11.33	8.50
2016	6,675	734	532	24.56	11.00	8.00
2017	8,216	670	486	23.09	8.15	5.90
2018	13,579	900	368	65.27	6.63	2.70
2019	15,407	1,178	336	13.47	7.65	2.20
평균				34.33	8.84	5.63

* 주: IFRS 연결재무제표 기준
* 자료: NICE평가정보

<표 4> 코스맥스 실적 추이

(단위: 억 원, %)

연도	매출	영업이익	순이익	매출액 성장률	영업이익률	당기순이익률
2014	3,340	243	158	-	7.29	4.70
2015	5,333	359	189	59.70	6.74	3.50
2016	7,570	526	314	41.93	6.95	4.20
2017	8,840	351	155	16.78	3.98	1.80
2018	12,597	523	211	42.51	4.15	1.70
2019	13,307	540	183	5.63	4.06	1.40
평균				33.31	5.53	2.88

* 주: IFRS 연결재무제표 기준
* 자료: NICE평가정보

〈표 3〉과 〈표 4〉는 국내 화장품 ODM업계에서 1위, 2위를 차지하고 있는 한국콜마와 코스맥스의 주요 경영지표를 보여주고 있다. 양사 모두 한국 화장품들이 중국 시장에서 선전하였던 2015년 및 2016년에 괄목한 성과를 보여주고 있으며, 2017년 사드사태로 주춤하였으나 2018년에 와서 큰 폭의 성장세를 보인다.

성공 요인 1: 국내 최초 ODM 방식의 도입

1990년대 초반 화장품 업계는 종합화장품 회사들이 화장품 제조회사에 하청을 주는 OEM(Original Equipment Manufacturing, 주문자상표 부착 생산) 방식이 주를 이루었다. OEM은 하청 기업이 화장품 회사에서 주문을 받아 생산하는 방식으로, 제품 개발은 필요하지 않다. 윤동한 회장은 기존의 OEM 방식으로는 승산이 없다고 생각하여 국내 최초로 제품을 기획하고 개발하는 ODM(Original Design & Development Manufacturing, 제조업자 설계 및 개발 생산) 방식을 도입하였다. ODM과 OEM은 생산된 제품에 제조자의 상표가 아닌 주문자의 상표가 부착된다는 점에서는 비슷하나, ODM 방식에서는 제조회사가 독자적으로 제품을 기획하고 개발하는 능력을 갖춰야 한다.[37]

특히, 1990년대 말 외환위기로 인하여 경영이 어려워진 많은 화장품 회사들이 화장품 제조를 아웃소싱으로 전환하였는데, 이 위기가 화장품

---

37) 변진호, 신정순(2017).

제조 회사들에는 호재가 되었다. 또한 2000년대 초에는 '미샤', '더페이스샵' 같은 저가 브랜드숍 화장품 회사가 등장하기 시작했다. 이들 화장품 회사들은 기존의 화장품 회사와는 다르게 자사 브랜드의 화장품만을 낮은 가격에 판매하는 브랜드 매장을 운영하는 사업 모델을 제시하였다. 브랜드숍 화장품 회사는 화장품 생산을 전량 아웃소싱 함으로써 제조 기술 없이 자본 및 유통망만 가지고 사업을 시작하여 시장의 호응을 받아 빠르게 성장하였다. 종합화장품 회사가 지배하던 화장품 시장에 자본과 유통망만으로 사업하는 화장품 회사가 등장하였고, 이들은 한국콜마 같은 제조 회사의 새로운 고객이 되었다.[38]

성공 요인 2: 제약 회사의 인수를 통한 사업 포트폴리오 확장

한국콜마는 2002년 제약 부문으로 사업 영역을 확대하면서 화장품 시장에서와 마찬가지로 국내 최초로 의약품을 개발하고 생산하는 전문 제조 회사로 시장에 진출했다. 이러한 ODM 비즈니스모델의 생산방식을 제약 산업에서는 CMO(Contract Manufacturing Organization, 계약생산업체)라고 부른다.[39] 제약 회사 입장에서 모든 제품군을 생산

---

38) 변진호, 신정순(2017).
39) 변진호, 신정순(2017), 「화장품 업계와 달리 제약 업계는 제품 개발이 주로 신약 위주이기 때문에 제조 회사는 제품 생산이 제네릭(generic) 의약품의 생산으로 제한될 수밖에 없고, 따라서 CMO 방식이 일반적이다. 제네릭 의약품이란, 오리지널 약품의 특허 등록이 끝난 후에 특허받은 물질을 개량하거나 제형을 바꾸는 등의 모방을 통해 제조한 의약품이다.」

할 수 있는 공장을 갖추는 것은 상당히 큰 비용이 들기 때문에 계약생산업체(CMO)에 일부 생산을 의뢰하는 것이 비용 절감 및 리스크 관리 차원에서 유리하다. 급격히 성장하고 있는 제약 CMO 시장에서 한국콜마의 매출 규모는 국내 1위를 차지하고 있다. 한편 제네릭 의약품 확산에 따라 CMO 시장은 연평균 10% 정도로 빠르게 성장하고 있다. 현재 한국콜마는 국내외에 약 200개 이상의 고객사를 확보하고 있다.[40]

한국콜마의 제약 부문이 성장하기 위해서는 우수한 설비를 갖춘 공장이 절실히 필요했다. 그러나 공장 설비를 갖추는 데는 막대한 자본이 들어가기 때문에 한국콜마는 자체적으로 공장을 설립하는 방법 이외의 대안을 고민하고 있었다. 그런 가운데 코스닥에 상장한 제약 회사인 BRN사이언스가 첨단 설비를 갖춘 공장을 짓던 중 파산한 일이 발생했다. 한국콜마는 BRN사이언스의 지분 53%를 인수하여 BRN사이언스의 최대 주주가 되었고, 회사명을 콜마파마로 변경하였다.[41]

한국콜마와 한국콜마홀딩스는 콜마파마 인수 후에도 활발한 인수 합병을 통해 제약 부문에서 영역을 넓혀 가고 있다. 현재 한국콜마홀딩스의 또 다른 자회사인 한국크라시에약품은 일본의 한방의약품 부문

---

40) 변진호, 신정순(2017).

41) 변진호, 신정순(2017), 「때마침 cGMP(Current Good Manufacturing Practice, 강화된 의약품 제조 및 품질관리기준)를 만족하게 하는 제약 공장 증설이 시급했던 한국콜마는 BRN사이언스를 인수함으로써 이러한 설비를 쉽게 구축하는 방안을 추진할 수 있었다. 건축 중이던 BRN사이언스의 제천 공장을 실사한 결과, 공장은 cGMP에 부합하는 최첨단 시설을 갖추고 있었다. 또한 BRN사이언스를 인수할 때 제천의 제조공장뿐 아니라 BRN사이언스가 보유한 제품과 특허권, 기존 제품에 대한 공급망, 판매처까지 모두 이전해 올 수도 있었다. 제약 부문의 인프라 확충이 필요했던 한국콜마는 BRN사이언스 인수를 아주 매력적인 대안이라고 판단했다.」

2위 기업인 일본 크라시에제약과 합작으로 설립한 의약품 회사다. 연평균 10% 이상 성장하고 있는 한방의약품 시장에 미리 대비하기 위한 전략 차원에서 설립된 회사다. 또한 한약제제의 보험급여가 확대될 경우 시장이 크게 확대될 가능성이 있다고 판단하여 한약제제 시장을 선점하고자 내린 결정이었다.[42]

한편 코로나19로 업황이 악화되자 한국콜마는 최근 재무구조개선 등 강력한 구조조정을 선제적으로 추진하면서 제약 CMO사업 부문과 콜마파마를 매각하기로 결정하였다. 향후, 매각대금으로 부채비율을 크게 낮추는 동시에 미래 사업 투자 등을 통해 화장품, 의약품, 건강기능식품 등 3대 사업부문의 역량을 강화할 것으로 보인다.

성공 요인 3: 시너지효과 극대화 및 지속적인 R&D 투자

한국콜마는 영양크림처럼 피부에 바르는 연고제를 피부과에 납품하는 것에서부터 제약 사업을 시작했다. 본래 화장품 회사이기 때문에 한국콜마는 연고 분야의 제네릭 의약품 제조에서 강점을 발휘할 수 있었다. 화장품과 의약품 제조 공정은 실제로 비슷한 점이 매우 많다.[43] 한국콜마는

---

42) 변진호, 신정순(2017).

43) 변진호, 신정순(2017), 「화장품과 의약품 제조 공정의 유사점에 대해 한국콜마의 임원은 이렇게 말했다. "기름과 물을 화학적으로 섞는 유화 기술이 있는데, 물리적으로 섞이지 않는 것을 분자 단위에서 섞는 것을 말합니다. 화장품은 물 성분과 기름 성분이 다 섞여서 분리되지 않도록, 즉 고압으로 분자 단위에서 묶어서 풀어지지 않

이처럼 비슷한 기술과 공정을 제약과 화장품 부문에 상호 적용함으로써 시너지효과를 극대화할 수 있었다. 즉, 한국콜마는 제약 기술을 화장품 생산에 접목하면서 수준 높은 제품을 개발할 수 있게 되었다. 한국콜마는 화장품, 제약 사업을 넘어서 건강기능식품 부문으로 사업을 확장했다.

한국콜마는 설립 초기부터 연구·개발에 전체 연간 매출액의 5% 이상을 투자하는 정책을 세우고 꾸준히 실천해왔고, 제약과 화장품, 건강기능식품 부문 연구소를 각각 세워 기술 역량을 키워왔다. 이후 기업 규모가 커지고 자회사 수가 증가함에 따라 연구소도 늘어나 개별 연구소가 11개에 이르게 되었다. 각 부문 간 시너지를 극대화하기 위해서는 연구소 간의 기술 공유가 필수적이었기 때문에 그룹 차원에서 통합기술원을 만들었다. 분리된 화장품, 의약품, 건강기능식품 연구소를 통합하게 되면 연구의 효율이 높아지고 융합 기술 연구를 위한 시너지를 창출할 수 있게 되었다.[44]

도록 하는 것이 핵심적인 기술입니다. 이 유화 기술은 기초화장품인 로션, 크림 등을 만드는 데 쓰입니다. 그런데 의약품 중 피부와 관련된 연고 크림제를 제조할 때도 동일한 기술이 사용됩니다. 두 번째로 파우더 기술은 고형제를 만들 때 쓰이는데, 약품으로 말하자면 가루를 아주 곱게 분쇄하는 기술을 말합니다. 화장품을 만들 때는 제트밀이라는 기계를 이용해 아주 작은 가루로 분쇄하는 기술을 이용합니다. 화장품 중 팩트나 파우더를 만들 때 사용하는 기술인데, 입자가 고우면 고울수록 품질이 높은 화장품이라고 볼 수 있습니다. 화장품을 제조할 때는 분체 물질을 가루로 곱게 분쇄한 다음에 다시 뭉쳐서 딱딱하게 만드는 '타정'이라고 하는 기술이 있습니다. 그런 기술로 만든 화장품류를 백분타류라고 합니다. 그 기술로 의약품을 정제합니다. 즉 분쇄해서 정제를 가루 상태로 만들고 다시 알갱이로 타정하는 것입니다. 화장품과 의약품 제조 기술이 거의 비슷하다고 할 수 있습니다."」

44) 변진호, 신정순(2017).

윤동한 회장은 늘 오래가는 것이 가장 빨리 가는 것이라고 하면서, 계속해서 내딛는 소걸음을 이길 수 있는 것은 없으니 우보천리, 즉 소걸음으로 천 리를 가자고 말한다. 특히 윤동한 회장은 자신감을 잃으면 온 세상이 나의 적이 된다는 미국의 사상가인 에머슨의 말을 교훈 삼아, 세상을 원망하거나 세상을 두려워하지 말고 자신 있게 긍정의 힘을 믿고 최선을 다하면서 뚜벅뚜벅 소걸음으로 오늘의 한국콜마를 만들었고 앞으로도 발전시켜 나갈 것이다.[45]

---

45) 윤동한, 「인문학이 경영 안으로 들어왔다(윤동한의 경영에세이)」, 프리코노미북스, 2016.

참고 문헌

- 변진호, 신정순, "얼굴없는 화장품 회사에서 뷰티·헬스 그룹으로 – 한국콜마", 「Asan Entrepreneurship Review」, 2017.
- 윤동한, 「인문학이 경영안으로 들어왔다(윤동한의 경영에세이)」, 프리이코노미북스, 2016.
- 뉴스1 인터뷰, 2019.6.25.

4

Entrepreneurship

호시노리조트, 호시노 요시하루

> 가치창출 기업가 및
> 기업가정신

Chapter 4. 호시노리조트, 호시노 요시하루[46]

호시노리조트, 호시노 요시하루[星野佳路]

호시노 요시하루는 1960년 나가노현 가루이자와(長野 軽井沢)에서 태어났다. 중학교, 고등학교, 대학교 모두 게이오에서 배웠고 경제학부를 졸업한 후에는 미국 유학을 떠났다. 미국 코넬대학교 호텔경영대학원 석사과정에서 호텔경영학을 배웠다. 미국 유학을 마치고 1988년에 귀국했으나 아버지와의 갈등 때문에 다시 집을 떠나 Citi Bank에서 근무하게 되었다. 1991년 주변 사람들의 설득으로 가업(家業)인 "호시노온천" 4대 사장으로 취임하게 되었다.

호시노가(家)는 증조할아버지 때 1904년 가루이자와에서 온천을 파고 1914년부터 "호시오온천여관(星野温泉旅館)"을 개관하게 되었다. 패밀리 비즈니스로 3대에 걸쳐서 경영해 온 호시노온천은 호시노 요시하루가 사장이 된 1990년대부터 큰 전환기를 맞이하게 되었다. 버블경

---

46) 야나기마치 이사오 | 게이오대학교 종합정책학부 교수, iyanagi@sfc.keio.ac.jp,
   일본 게이오대학교 상학부, 일본 게이오대학교 상학 박사,
   연세대학교 경영대학 객원교수 역임

제 시기에 많은 호텔이 세워졌지만, 버블경제 붕괴 후에 공급 과다로 많은 호텔이 큰 타격을 입어 경영 부실화에 빠졌다.

원래 온천경영은 소유와 경영이 분리되지 않는 것이 일반적이었다. 그러나 호시노 사장은 새로운 비즈니스 모델을 추구하는 결단을 내렸다. 회사명을 "호시노리조트"로 바꾸고 호텔을 소유하는 게 아니라 호텔 운영만 담당하는 새로운 비즈니스모델을 만들었다. 호시노 사장은 "세계에서 통용되는 호텔운영회사"를 만드는 것을 목표로 삼고 "리조트 경영의 달인"이 되겠다는 비전을 제시하였다. 호시노 사장은 일본에 들어오는 많은 외국 호텔 운영회사와 대등하게 경쟁하는 실력을 갖추는 한편, 해외에도 적극적으로 운영거점을 증가시키는 계획을 세웠다.

2001년부터는 가루이자와를 넘어서 일본 각지에서 관광리조트의 재생사업을 하게 되었다. 2009년부터는 브랜드전략을 전개하여 현재로는 "호시노야(럭셔리 리조트)", "카이(온천 료칸)", "리조나레(리조트 호텔)", "OMO(도심 관광호텔)", "BEB(캐주얼 호텔)" 등 5개 서브 브랜드를 만들었다.

2013년에는 당시 소유했던 6개 시설을 기반으로 "호시노리조트 리츠(REIT)"를 설립했다. 일본에서 처음으로 관광 사업에 전문화된 부동산 투자신탁이며 도쿄주식거래소에 상장하게 되었다. 개인투자가가 관광산업에 투자할 수 있는 환경을 조성한 것이다. 이 회사가 출범됨에 따라 호시노리조트는 더욱더 관광호텔 운영 사업을 전문적으로 하게 되었다. 2014년부터는 해외호텔 운영에 진출하여 본격적인 글로벌 경영을 시작했다고 할 수가 있다. 현재 호시노리조트는 국내외 모두 합해서 40개 시설을 운영하고 있으며 2020년에는 5개 호텔을 신규로 운영하게 될 예정이다.

언론보도에 의하면 호시노리조트는 2015년 당시 35개 시설(온천여관, 리조트 호텔 등)을 운영하고 약 441억 엔의 취급고를 기록했다(〈표 5〉, 〈그림 14〉 참조). 동사는 상장회사가 아니기 때문에 매출고 등 경영정보를 공식적으로는 공개하지 않는다. 참고기록으로서는 최근 Web에 공개된 호시노리조트 운영시설(그룹 내 17개, 그룹 외 32개) 전체 매출고를 단순합계하면 490억 엔에 달한다.[47]

〈그림 14〉 호시노리조트 거점수 및 취급고 추이(2001~15년)

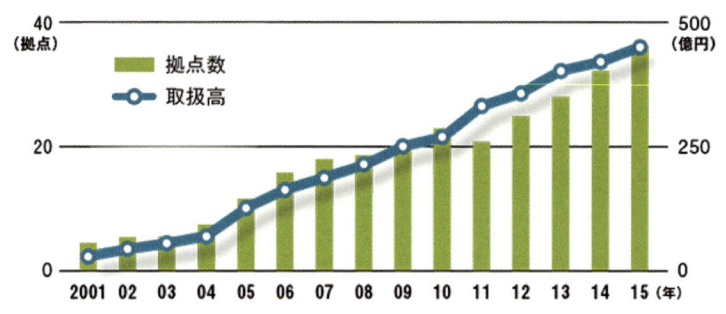

* 주: "취급고"는 운영하는 시설 수입의 합계이며 호시노리조트의 전체 매출고가 아님.
* 자료: 「著名経営者の経営者インタビュー星野リゾート代表星野佳路」, 経営者通信 online 41号, 2016年10月.
　　　https://k-tsushin.jp/interview/kt41_hoshinoresort/

---

47) 「著名経営者の経営者インタビュー星野リゾート代表星野佳路」, 経営者通信 online 41号, 2016年10月.
　　https://k-tsushin.jp/interview/kt41_hoshinoresort/

<그림 15> 호시노리조트 리츠(REIT) 매출고와 이익 추이

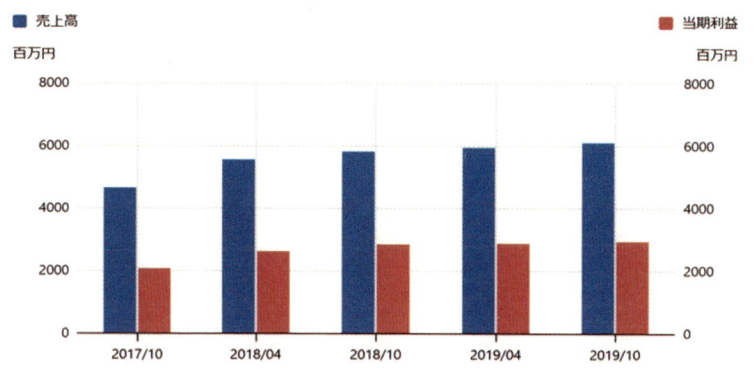

* 자료: https://www.nikkei.com/nkd/company/kessan/?scode=3287

<표 5> 호시노리조트 리츠(REIT) 경영성과

(단위: 백만 엔)

결산기		2018/4		2019/4	
매출고	4,644	5,540	5,802	5,924	6,086
영업이익	2,376	3,074	3,209	3,243	3,330
경상이익	2,065	2,625	2,839	2,870	2,923
당기이익	2,064	2,624	2,839	2,878	2,922
1주이익(엔)	11,959.00	12,354.00	12,799.00	12,974.00	13,173.00
1주배당(엔)	11,959.00	12,354.00	12,799.00	12,974.00	13,173.00
결산월수	06	06	06	06	06

* 자료: https://www.nikkei.com/nkd/company/kessan/?scode=3287

〈그림 16〉 호시노리조트 리츠(REIT) 주가 추이

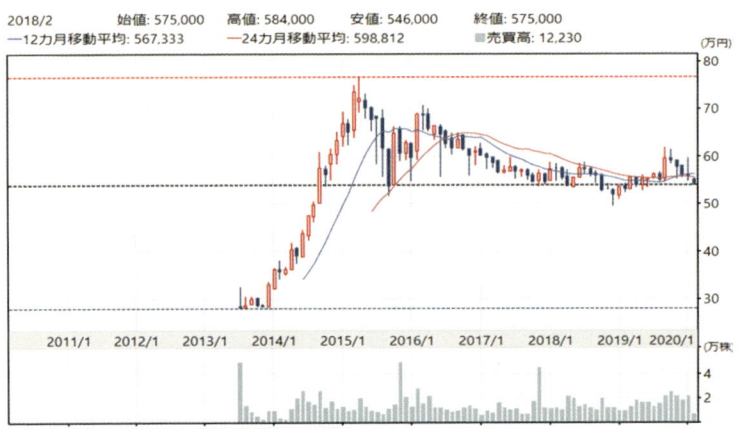

* 자료: https://www.nikkei.com/nkd/company/kessan/?scode=3287

호시노 요시하루의 경영이념[48]

호시노 요시하루의 경영이념은 다음의 다섯 가지로 볼 수 있다.

1) 사고의 과감한 전환

호시노 요시하루는 항상 공격적인 경영을 해왔다. 시대 흐름에 맞추어 스스로 변화를 시도해온 것이다. 과거 숙박업계는 토지와 건물 등 부동산을 소유하여 그 가치를 올리는 것을 목표로 하는 것이 상식이었

---

[48] 著名経営者の経営者インタビュー　星野リゾート代表星野佳路, 経営者通信 online 41号, 2016年 10月.
　　https://k-tsushin.jp/interview/kt41_hoshinoresort/

다. 호시노도 3대 사장인 아버지로부터 가루이자와의 여관과 주변 토지를 이어받았다. 당시와 달리 현재는 부동산 소유는 기업 성장의 원천이 되기 어렵고 오히려 장해가 될 수 있다. 그래서 모두 처분한 것이다. "전통을 지키다", "회사를 지키다", "업계를 지키다"라는 발상을 가진 순간, 변화에 대응할 수 없게 되고 도산의 위험이 커지게 된다고 호시노는 보고 있다.

2) 규제완화에 적극 대응

호시노는 민박해금에 찬성하고 오히려 민박해금은 숙박 분야에 규제 완화를 가져옴으로써 숙박업이 발전하는 기회가 된다고 보고 있다. 현재까지 규제가 있어서 보다 좋은 서비스를 제공하지 못하고 있으며 매력적인 자원이 있음에도 불구하고 규제 때문에 손님들이 감동적인 체험을 하는 기회를 놓치고 있다고 판단한 것이다. 숙박업계 전체적으로도 민박해금과 동시에 기존의 숙박업계를 둘러싼 많은 규제의 완화를 주장하고 있다.

3) 수평조직과 사원들의 자발적인 참여

호시노는 회사를 "수평조직" 형태로 만들어서 사원들이 떠들썩한 논의에 참여하는 풍토를 만들었다. 호시노리조트에서는 사원의 타기능화를 추진하고 있고, 한 스태프가 호텔 프런트와 동시에 객실 청소나 레스토랑 접객 업무를 담당하고 있다. 모든 스태프가 복수업무를 담당하고 바쁜 직장을 도와주러 가기 위해 움직임으로써 많은 인건비를 생략하고 고객만족도를 높일 수 있게 된 것이다. 호시노는 "수평조직"을 만들기 위한 중요한 포인트 두 개를 지적하고 있다. 하나는 매출고나 비용 등 모든 경영정보를 사원들에게 공개하는 것이며, 또 하나는 사장이 원하는 결론이 아닐지라도 논의한 끝에 사원이 "이렇게 하자"고 결정한 것은 그대로 따르는 것이다.

4) 글로벌 전략 추진

호시노는 글로벌 시장에 도전할 큰 마음을 가지고 있다. 일본식 여관을 진화시켜서 세계적인 호텔 중에 하나로 발전시킨다는 목표를 세웠다. 그는 일본여관에서는 일본식 서비스를 제공할 수 있으며 일본여관은 서양식 호텔과 전혀 다르다고 본다. 서양식 호텔은 손님을 주인으로 모시는 한편, 일본에서는 여관 측이 주인이 되고 손님이 게스트가 된다. 고급요정에서는 메뉴가 없고 요리사가 메뉴를 정하여 제공하는 요리가 나온다. 이를 통해 손님은 자신의 상상을 초월하는 감동을 체험할 수 있다는 것이다. 그 운영의 핵심을 제일 잘 알고 있는 만큼 세계에서도 통할 수 있다고 확신하는 것이다.

5) 적극적인 디지털 대응

호시노가 분석한 바에 따르면, 과거 30년 동안 일본의 관광산업에는 큰 변화가 있었다. 그 이유 중에 하나가 일본을 방문하는 외국인의 증가이다. 그리고 디지털 혁명의 영향은 매우 크다. IT가 관광을 변화시키고 있다고 본다. 호시노리조트의 경우 예약의 50% 이상은 인터넷 예약이며 홈페이지 예약의 70%는 스마트폰을 이용한 경우이다. 이러한 극적인 변화에 발맞춰 SNS에 대한 대응도 필수라고 보고 있다. 스마트폰을 이용해서 고객과 직접 소통해야 하는 시대가 왔으며 이러한 세계의 흐름에 어떻게 따라가느냐가 큰 과제라고 보고 있다.[49]

---

49) 訪日客増, ITで対応, 星野リゾート代表星野佳路氏に聞く, 民泊ない地域

호시노는 호시노리조트가 앞으로 10~20년간에 세계에서 통용되는 운영노하우를 가져야 한다고 주장한다. 외국계 호텔들이 일본에 진출해도 운영 면에서 잘 경쟁할 수 있는 노하우나 집객력(集客力)이 필요하기 때문이다. 글로벌 전략에서 미국진출을 중요하게 보았다. 북미에서 성공하여 하얏트나 힐튼보다 이익률이 높다는 점을 보여주고 싶다는 것이 호시노의 희망이다. 북미에는 1,200여 곳에 온천이 있는데, 일본과 같은 형태로는 즐길 수 없으며 미국문화에 적합한 형태를 모색해야 한다고 본다. 관광은 세계평화로 이르는 산업이며 사람들의 상호이해가 깊어지면 정치에도 좋은 영향을 미치고 국가관계도 좋아질 것이라는 의미에서 관광산업은 중요하다는 것이 그의 주장이다.[50]

100년 전통을 가진 호시노리조트의 CEO 호시노 요시하루는 1991년의 취임 이래 끊임없는 변화를 추진해 왔다. 그 모습은 "과감한 변화"와 "과거 형태의 유지와 개혁의 융합"이란 두 가지 측면에서 지적할 수 있다.

성공 요인 1: 과감한 변화

패밀리 비즈니스로 전통을 "파괴"할 때 호시노가(家)에서도 적지 않는 마찰이 있었다. 3대 사장이었던 아버지와의 마찰이다. 아버지인 호시노

は競争力落とす", 日本経済新聞, 2019.1.9.
50) "特集ー星野リゾート代表星野佳路氏, 物語, 旅の需要生む(日経フォーラム世界経営者会議)", 日本経済新聞, 2018.11.7.

카스게(嘉助)에 대해 회상하며 다음과 같이 말하고 있다. "아버지로부터 사업승계는 결코 원활하지 못했고 충돌도 있었습니다. 제가 사장을 맡은 뒤에는 아버지에게 경영자로 도전하고 아버지도 저를 후계자로 평가하는 관계였습니다. 아버지 시대에는 전혀 없었던 새로운 사업개혁을 한 적도 있어 경영자로서 라이벌이라는 관계가 더해져 돌아가실 때까지 부자지간의 옛날 관계로 돌아가는 일은 없었습니다."[51] 단순한 부자지간의 관계가 아닌 경영자 간의 긴장감이 있었던 것이다.

변화의 중심으로는 다음 네 가지를 지적할 수 있다. 첫째, 브랜드명의 변화로 "호시노온천여관(星野温泉旅館)"에서 "호시노리조트"로 변화가 이루어졌다.

둘째, 비즈니스 모델의 변화이다. 원래 토지와 건물을 소유했던 호시노가의 사업 형태는 운영 서비스의 제공으로 특화(特化)하게 된 것이다. 소위 "소유와 경영의 분리"가 된 형태를 실현한 것이다. 결국, 호시노리조트가 경영을 담당하고, 호시노리조트 리츠가 재산을 소유하는 구조를 만들었다.

셋째, 사내 의사결정 구조의 변화이다. 아버지 시대까지는 톱다운에 의한 수직적 경영이 기본이었지만, 호시노 사장은 사원이 자율적으로 움직이는 수평적인 조직을 구축함으로 톱다운 경영에도 많은 변화가 생긴 것이다.

---

51) "星野リゾート社長星野佳路さん--家業を継ぎ、父はライバルに(それでも親子)", 日本経済新聞, 2014.2.5.

넷째, 또한 광범위한 사업지역의 전개이다. 원래 나가노현 가루이자와에 한정된 온천여관 사업이었지만 호시노 사장은 국내외 40거점에 사업 범위를 확대하였다. 그리고 단순한 온천여관사업을 넘어서 지역관광자원을 재평가하고 온천을 중심으로 한 지역 전체를 활성화한다는 장대한 구상을 가지고, 또 실현하게 된 것이다.

성공 요인 2: 과거 전통의 유지 및 개혁의 성공적인 융합

호시노는 이상으로 본 바와 같이 완전히 새로운 시각에서 관광사업을 추진하고 있지만, 유익하다고 생각되는 기존방식은 잘 유지하고 있다.

첫째, 패밀리 비즈니스로서의 기본 형태를 유지하고 있다. 과거 아버지 시대까지는 사장의 "직관"이나 "경험" 등에 크게 의존한 경영 스타일이 기본이었지만, 패밀리 비즈니스연구가 발달한 미국 대학원에서 교과서를 중심으로 과학적으로 배운 것을 일본에 응용하고 있다.[52]

둘째, 호시노리조트에 있어서의 경쟁력의 원천은 바로 혁신적인 온천사업에 있다고 보고, 경쟁전략의 핵심으로 "일본 온천여관의 미국진출"을 생각하고 있다. 일본적 고급 온천여관을 미국에서 실천함으로써 하얏트나 힐튼과 경쟁하려고 생각하고 있다.

---

[52] "星野リゾート勘に頼らず, 佳路代表, 経営は教科書通り(新同族経営)", 日経経産業新聞, 2018.1.17.

셋째, 호시노는 "인력"을 중요시하고 있다. 고급 온천여관 경영을 실천할 때 예약시스템 등은 디지털화, IT화를 적극적으로 추진하지만, 고급 온천여관의 고품질 서비스 제공에서는 역시 사람의 실력, 즉 우수한 인력에 의존할 수밖에 없다고 판단한다. 종업원 한 명이 온천여관의 모든 직종을 담당할 수 있다는 유연성을 가지고 온천여관 전체의 서비스 품질향상을 달성하겠다는 것이다. 서양식 호텔의 인사 관리시스템과는 완전히 다른 발상이라고 볼 수 있다.

참고 문헌

- 星野リゾート, 「2019年10月期 決算説明会資料」, 2019.12.19.
- 中沢康彦, 「星リゾートの事件簿」, 日経BP社, 2009.
- 中沢康彦, 「星野佳路と考える ファミリービジネス マネジメント」, 日経BP社, 2014.
- 山口由美, 「日本旅館進化論 星野リゾートと挑戦者たち」, 光文社, 2018.
- "星野リゾート社長星野佳路さん--家業を継ぎ, 父はライバルに(それでも親子)", 日本経済新聞, 2014.2.5.
- "著名経営者の経営者インタビュー 星野リゾート代表星野佳路", 「経営者通信 online」, 41号, 2016.10. https://k-tsushin.jp/interview/kt41_hoshinoresort/
- "特集―激変に打ち勝てリーダーが導く, 星野リゾート代表星野佳路氏, 運営特化で家業を拡大(日経フォーラム世界経営者会議)", 日本経済新聞, 2018.9.25.
- "星野リゾート勘に頼らず, 佳路代表, 経営は教科書通り(新同族経営)", 日経経産業新聞, 2018.1.17.
- "NIKKEI The STYLE--星野リゾート代表星野佳路さん, 家業つなぐ「旅の遺伝子」(My Story)", 日本経済新聞, 2018.3.4.
- "特集―星野リゾート代表星野佳路氏,物語,旅の需要生む(日経フォーラム世界経営者会議)", 日本経済新聞, 2018.11.7.
- "激変に勝つ経営力―星野リゾート代表星野佳路氏, 海外でも日本流運営 (日経フォーラム世界経営者会議)", 日本経済新聞, 2018.11.15.
- "特集―日経フォーラム世界経営者会議, 星野リゾート代表星野佳路氏, マルチタスク化で生産産性向上", 日本経済新聞, 2018.11.27.

- 「訪日客増、ITで対応、星野リゾート代表星野佳路氏に聞く、民泊ない地域は競争力落とす」、日本経済新聞, 2019.1.9.
- 「쓰러져가는 료칸을 재생해 명품으로 만들다, 호시노리조트 그룹 호시노 요시하루 회장」, LUXURY 2009.1, 디자인하우스. http://luxury.designhouse.co.kr/in_magazine/sub.html?at=view&info_id=46664%202/
- 시리즈 Hotel&Resort [해외호텔] 호시노리조트 호시노 요시하루 대표를 만나다 1, 호텔앤레스토랑, 2019.8.27. https://m.post.naver.com/viewer/postView.nhn?volumeNo=23916653&memberNo=6606492&navigationType=push
- 시리즈 Hotel&Resort [해외호텔] 호시노리조트 호시노 요시하루 대표를 만나다 2, 호텔앤레스토랑, 2019.10.19. https://m.post.naver.com/viewer/postView.nhn?volumeNo=25251703&memberNo=6606492&vType=VERTICAL
- 호시노리조트, https://www.hoshinoresorts.com/kr/aboutus/
- 星野リゾート, https://www.hoshinoresorts.com/aboutus/
- 星野リゾート, Press Release「星野リゾート今後の事業展開について ~2019-2020年国内外で8施設を開業~」, 2019.10.9.
- 星野リゾート,「2019年10月期 決算説明会資料」, 2019.12.19.

5 Entrepreneurship

쥬가이제약, 나가야마 오사무

가치창출 기업가 및 기업가정신

Chapter 5. 쥬가이제약, 나가야마 오사무[53]

쥬가이제약의 성장전략

2019년 12월 말에 발표된 시가총액 순위(전체업종)에 따르면 10조 엔을 넘은 회사는 도요타, NTT, NTT도코모의 3개 사이며, 10위권까지는 작년도에 비해서도 큰 변화는 거의 없다.

〈표 6〉 도쿄 주식시장 제1부 상장회사 시가총액 순위

(2019년 12월 30일 현재)

순위 (2019년 말)	순위 (2018년 말)	회사명	시가총액 (억 엔)
1	1	도요타	251,707
2	3	NTT	107,544
3	2	NTT도코모	101,324
4	4	소프트뱅크그룹	99,391
5	7	소니	94,189
6	6	키엔스	93,610
7	5	미츠비시UFJ 파이낸셜	81,077
8	8	KDDI	76,620
9	9	소프트뱅크	69,868
10	18	리크루트	69,517
11	10	패스트리테일링	68,947
12	38	타케다약품	68,287
13	21	닌텐도	57,894
14	31	쥬가이제약	56,416
15	13	혼다	56,136

* 자료: "売買代金 7 年ぶり薄商い, 今年の東証 1 部, 株価変動率が低下, 機械の減少目立つ", 日本経済新聞, 2019.12.31.

---

53) 야나기마치 이사오 | 게이오대학교 종합정책학부 교수, iyanagi@sfc.keio.ac.jp

그런데 성장 속도가 빠른 의약품 업계에 주목해 보자. 2019년 말에 상위 15위 내에는 타케다(12위), 쥬가이(14위)가 있는데 타케다는 2018년에 38위, 쥬가이는 31위이었다. 그리고 2019년도 18위인 다이이치 산쿄 역시 2018년에는 47위이었다. 의약품 업계는 M&A를 중심으로 한 경쟁이 가속화되어 있어서 연구개발 투자를 성공적으로 진행하기 위한 규모 확대가 상당히 중요한 경영과제의 하나가 되어 있다. 한편 매출액 기준으로 보면, 최대회사인 타케다(2조 엔) 이하, 아스테라스, 오츠카, 다이이치 산쿄, 에이사이에 이어 쥬가이(5,800억 엔)로 이어지고 있다. 쥬가이와 타케다의 매출액은 3배 이상 차이가 나고 있다.

2020년 2월 쥬가이의 시가총액은 6조 8,600억 엔을 기록하여 타케다의 시가총액(6조 6,700억 엔)을 넘어서 종합 11위로 올라갔다. 타케다는 쥬가이에 이어서 12위 순위를 기록하였다. 3배의 매출 규모를 가진 타케다를 시가총액으로서는 쥬가이가 넘어선 것이며 이것은 주목할 만한 일이다.[54]

---

54) "時価総額上位ランキング", 日本経済新聞, 2020.2.21.
https://www.nikkei.com/markets/ranking/page/?bd=caphigh&ba=11&Gcode=00&hm=1

〈그림 17〉 쥬가이제약 매출고와 이익 추이

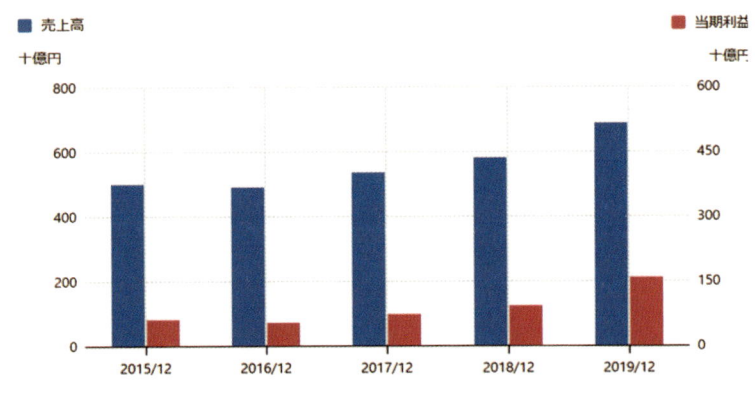

* 자료: https://www.nikkei.com/nkd/company/?n_cid=DSMMAA11&scode=4519」

〈표 7〉 쥬가이제약 경영성과

(단위: 백만 엔)

결산기	2015/12	2016/12	2017/12	2018/12	2019/12
매출고	498,839	491,780	534,199	579,787	686,184
영업이익	86,784	76,884	98,934	124,323	210,597
경상이익	87,276	74,448	97,031	121,499	207,893
당기이익	61,125	53,592	72,713	92,488	157,560
1주이익(엔)	112.00	98.12	133.04	169.08	287.84
1주배당(엔)	58.00	52.00	62.00	86.00	140.00
결산월수(월)	12	12	12	12	12

* 자료: https://www.nikkei.com/nkd/company/?n_cid=DSMMAA11&scode=4519

〈그림 18〉 쥬가이제약 주가 추이

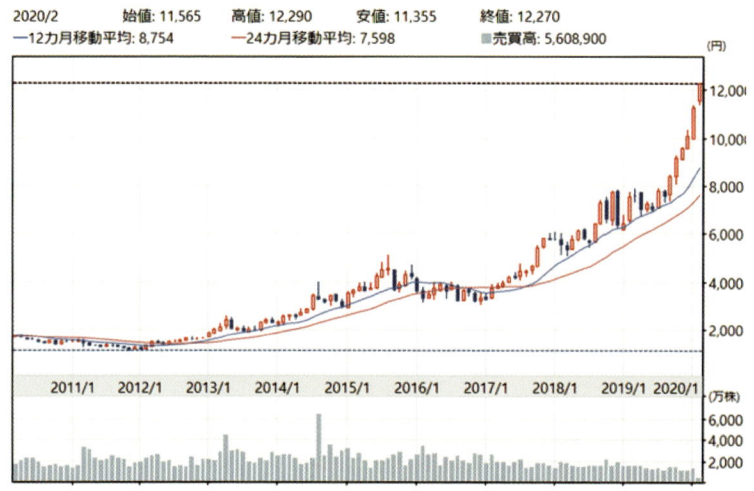

* 자료: https://www.nikkei.com/nkd/company/?n_cid=DSMMAA11&scode=4519

쥬가이란 제약회사를 현재까지 이끌어온 주인공은 나가야마 오사무(永山治) 회장(73)이다. 나가야마는 2019년 12월에 회장퇴임을 발표했다. 보도에 따르면 쥬가이의 변혁과 성장을 이끌어온 "카리스마"가 제일 선에서 물러남으로써 경영체제의 세대교체를 도모한다고 전해지고 있다. 나가야마는 명예회장에 취임하고 사장(5대) 겸 CEO인 코사카 타츠로(66)가 대표권을 가진 회장 겸 CEO가 되고, 상석집행임원인 오쿠다 오사무(56)가 사장(6대) 겸 CEO로 승격하였다.[55]

나가야마 오사무는 1992년, 45세 때 4대 사장이 된 후 20년 동안 사장으로 있었으며 2012년 대표이사회장이 되었다. 그동안 1998~2018

---

55) "ロシュ提携や新薬に手腕, 永山・中外会長が退任, 社長に奥田氏", 日経産業新聞, 2019.12.18.

년은 CEO로 쥬가이제약의 최고경영자 역할을 담당해 왔다. 2018년부터는 회장 겸 이사회의장, 그리고 2020년부터는 명예회장이 되었다.

쥬가이의 놀라운 성장과 경영성과는 한마디로 나가야마 오사무의 업적으로 평가할 수 있으며, 새로운 가치를 창출하는 데에 있어서 성공한 기업가정신의 좋은 사례이다.

쥬가이제약의 역사

관동대지진의 2년 후, 1925년에 우에노 쥬조(上野十蔵)에 의해 창업된 쥬가이는 독일 제약회사의 수입대리점으로 사업을 시작하였다. 당시 우에노는 32세, 동경고등상업학교(현 히또쓰바시대)를 졸업한 후 무역회사에서 근무하다가 회사가 도산된 것이다. 의약품 수입을 시작으로 그 후 수입 원료를 이용해서 독자적으로 의약품, 특히 진통·소염·해열제 등을 개발하여 전쟁 시절에는 기본원료까지 자체 개발할 수 있게 되었다. 제2차대전 후에는 소위 대중(大衆)의약품의 성공으로 크게 성장했다. 해독 촉진, 간 기능 개선제인 "글론산", 가정용 살충제인 "바르산" 등의 히트 상품을 만들었다.

1960년대 중반, 당시의 경제불황과 "대중 약 비판" 때문에 경영이 어려워졌는데, 1966년에는 오에노 사장이 물러나고 41년간의 창업자 시대가 끝나게 되었다. 그의 데릴사위인 오에노 끼미오(上野公夫)가 2대 사장으로 취임했는데, 바로 새로운 경영전략을 세우게 되었다. 그것이 의료용 의약품으로의 신규진출이었다. 동시에 "사회성 추구", "인간성 추구", 그리고 "경제성 추구"란 "기업 3원칙"을 세우고 새로운 행동 이념으로 설정하게 되었다.

오에노 끼미오 사장은 게이오대 경제학부 졸업 후 일본은행을 거쳐서 쥬가이에 입사하여 창업가 딸과 결혼하여 창업가 가족이 된 인물이다. 1970년대 중반부터는 독자적 신약 개발을 목표로 한 연구개발 지향적인 경영방침을 세웠다. 이어서 1980년대 전반기부터는 바이오 기술에 주목하여 화학합성 의약품에서 바이오 의약품으로 새로운 도전을 시도하게 된 것이다. 1990년대 초까지 선구적인 바이오의약품 두 가지를 성공적으로 개발·탄생시킨 것이다.

오에노 끼미오 2대 사장은 21년 동안 쥬가이를 이끌어왔는데 사노 하지메(佐野肇) 3대 사장(5년)에 이어서 1992년, 나가야마 오사무(永山治)가 4대 사장으로 취임하였다. 그는 당시 45세이었다. 1947년생인 나가야마는 게이오대 상학부 졸업 후 일본장기신용은행에 근무한 경험이 있다(1971~1978년). 1975년, 영국 런던지점 근무 시절 나가야마는 2대 사장인 오에노 끼미오의 딸과 결혼하고 1978년에는 직접 오에노한테서 쥬가이의 국제화를 도와달라는 요청을 받아서 결국 쥬가이에 입사하게 된 것이다. 나가야마는 국제사업 부부장(1983), 개발기획본부 부본부장(1985), 상무(1987), 부사장(1989)을 거쳐서 1992년 4대 사장에 취임했다.

그런데 나가야마의 인간 형성에 있어서는 그의 아버지인 나가야마 또끼오(永山時雄)의 영향을 주목해야 한다. 나가야마 또끼오는 동경대 법대 출신의 구 통산성 최고 간부의 한 사람이었다. 관료 생활을 마친 후는 쇼와석유(昭和石油) 사장(1968~1984년), 쇼화셰일석유(昭和shell石油) 회장을 지낸 인물이다. 석유 업계의 대규모 M&A를 성사시킨 장본인이며, 아들에 대한 다양한 "국제화 교육", 특히 영어 능력과 국제적인 현장학습 기회를 주고, 사회 고위층의 인적 네트워크를 통해 많은 교육을 제공하였다.

나가야마의 경우 창업가(創業家)인 오에노가(家)와 직접적인 혈연관계는 없지만 오에노 쥬조(창업자), 오에노 끼미오(2대, 데릴사위), 본인(4대, 오에노 끼미오의 데릴사위 즉, 창업자 손녀의 배우자)으로 이어지는 독특한 문화 속에서 살아왔다는 사실은 그의 기업가적인 측면을 구성하는 큰 요소가 되었다고도 볼 수 있다.

성공 요인 1: 신분야인 바이오 의약품에 주력

위에서 말한 바와 같이 쥬가이는 1970년 전후부터 의료용 의약품을 강화했지만, 그중에서도 신분야인 바이오 의약품에 주력하기로 했다. 화학합성에 의한 저분자 약과는 노하우가 다르기 때문에, 당시 참가하는 국내기업은 거의 없었다.

바이오의약품 연구를 계속해 1990년대 초 인공투석에 수반하는 신장성 빈혈의 치료제 "에포진"과 백혈구 감소증 치료제 "노이트로진"을 연달아 발매했다. 이들이 가장 많은 돈을 벌게 되자 쥬가이는 "국내 제일의 바이오 의약품 기업"으로 성장하게 되었다.

그러나 저분자 약에 비교해 바이오는 연구개발비와 생산설비 투자도 훨씬 늘어난다. 원래 신약 개발의 난이도는 해마다 상승해 방대한 연구개발비를 들여도 좋은 약을 좀처럼 만들기 어렵게 되어 있었다. 나가야마는 2007년 사장 재임 때, 일본경영학회에서 쥬가이의 전략적 제휴에 대해 강연한 적이 있다. 제휴 관계 이전의 상황을 다음과 같이 설명하고 있다.

2001년 스위스의 로슈(Roche)사와의 전략적 제휴 이전의 쥬가이는 일본에서의 매출 순위는 10위, 해외 매출 비율도 13.8%로 40% 가까운 대형 경쟁업체보다 해외 진출도 늦었다. 연구 개발비는 5백억 엔에 못 미쳤으나 매출액 대비 연구 개발비의 비율은 업계 최고 수준인 20%를 넘고, 수익을 압박했다.

반면 쥬가이는 바이오나 항체의약품에 강점을 가지고 있었다. 1980년대 초반부터, 바이오의약품 개발을 위해 노력하였으며, 공사 포징(유전자 재조합 인간 에리트로포이에틴 제제; 1990년 발매), 노이토로진(유전자 재조합 G-CSF제; 1991년 발매)의 개발에 성공했다. 또한 1980년대 후반부터는, 업계 최초로 항체의약품의 연구에도 주력하는 등, 쥬가이는 일본의 바이오·항체 의약품의 선두기업으로 평가됐다.

단, 바이오나 항체의약품은 기술적인 장벽이 높은데다 생산설비에 고액의 투자가 필요했다.[56]

결국 바이오의약품의 경우 개발이나 제조에 엄청난 자금이 필요하다는 현실에 대해 나가야마는 쥬가이 단독회사로서는 성장이 어렵다고 판단하여 로슈 그룹 산하에 들어간다는 의사결정을 하게 된 것이다.

성공 요인 2: 로슈와의 전략적 제휴

2001년 쥬가이는 세계최대급의 의약품회사인 로슈와 전략적 제휴를 체결했다. 완전히 새로운 비즈니스 모델이 된 이 제휴 관계의 주요 내용은 다음과 같다.

(1) 로슈는 쥬가이 주식의 과반수(50.1%)를 보유한다.
그러나 경영의 독립성은 유지한다.
(2) 일반적인 합병처럼 회사명이나 대표자의 변경은 없다.
(3) 로슈는 쥬가이의 동경 주식시장에서 제1부 상장유지에 협력한다.
(4) 쥬가이는 로슈 제품을 일본 국내에서 독점적으로 판매한다.
(5) 쥬가이는 자사 제품을 로슈를 통해서 글로벌시장에 전개한다.

---

56) 永山治, "技術力をベースにしたグローバルな戦略的アライアンス", 「経営学論集」(日本経営学会) 77集, 2007, pp.64-68.

이런 제휴 관계는 쥬가이에 큰 의미를 부여했다고 볼 수 있다. 다시 말하면 쥬가이는 안정된 수익기반을 확보함으로써 혁신성이 높은 기술과 창약(創藥)으로의 집중투자가 가능하게 된 것이다. 제휴를 통해 로슈에서 제품도입수가 많아지고 제품 종류의 확대로 특히 암 분야에서 국내 매출 1위를 기록하게 됐다. 연구개발을 비롯한 각 사업기반이 강화됨으로 쥬가이 제품 역시 로슈의 네트워크를 통해서 글로벌제품으로 성장하게 됐다. 로슈와의 제휴 전후를 비교하면 매출수익은 2001년 1,651억 엔에서 2017년 5,342억 엔으로, 영업이익은 2001년 257억 엔에서 2017년 1,032억 엔으로 크게 성장하였다.[57]

2001년 스위스 로슈와의 이런 제휴를 발표하고 2002년 로슈 산하에 들어가는 것을 주도한 장본인이 나가야마 사장(당시)이며 실무리더가 코사까였다.

쥬가이는 자본의 관계상은 외국기업의 자회사가 되지만, 창약(創藥) 등의 연구개발은 쥬가이가 자주성을 가지고 개발을 진행하게 되었다. 실제 쥬가이는 류마티스관절염 치료약 "액테무라"나 혈우병 치료약 "헤무라이브라"라고 하는 혁신성 높은 의약품을 잇달아 탄생시켰다. 판매는 로슈에 맡기고, 쥬가이는 연구 개발에 전념하는 win-win의 관계성을 유지하면서 계속적으로 성장을 실현해 온 것이다.[58]

---

57) https://www.chugai-pharm.co.jp/ir/individual/roche_alliance.html
58) "ロシュ提携や新薬に手腕, 永山·中外会長が退任, 社長に奥田氏", 日経産業新聞, 2019.12.18.

여기서 나가야마 밑에서 실무를 담당한 코사까가 제휴관계에 대해 다음과 같이 설명하고 있다. 로슈에 의한 과반수 출자를 "당시 사장이었던 현 회장인 나가야마의 판단이었다"고 하며, "(그가) 2001년 당시 업계에서 9~10위였던 쥬가이를 더 성장시키고 싶은 생각을 가지고 있었을 것"이라고 추측하고 있다.

여기서 주목하고 싶은 것은 코사까의 다음 언급이다. "나가야마 사장이 단지 샐러리맨 사장이었다면 어려운 결정이었으며, 창업가 집안사람이기 때문에 중요한 결정을 내릴 수 있었다"는 부분이다. 전략적인 의사결정을 가능하게 한 이유가 창업가사장이었다는 지적은 매우 흥미로운 지적이다. 그리고 로슈에게 과반수의 주식을 갖게 한다고 발표했을 때 평판은 형편없었다고 한다. 주위에서는 독립경영은 어렵다고 본 것이다. 결국 쥬가이는 외국자본 밑에 있으면서도 독립경영을 유지하는 독특한 비즈니스 모델을 관철했으며, 매출은 3.5배, 영업이익은 4.9배로 증가하게 된 것이다.

그러면 창업가 집안사람인 나가야마가 완전히 은퇴한 후에 로슈와의 관계는 계속될 수 있을까. 코사까는 "확실히 나가야마와 로슈의 전 회장과의 인간관계로 제휴가 잘된 것은 틀림없는 사실이지만, 지금은 회사 대 회사의 관계이며, 이노베이션과 퍼포먼스, 트러스트가 확실히 있으므로 문제없다고 생각한다"고 말한다.[59] 개인과 개인의 관계에서 조직과 조직의 관계로 성공적으로 이행했다는 부분은 높이 평가할 수 있을 것이다.

---

59) "編集長インタビュー 中外製薬社長兼 CEO(最高経営責任者) 小坂達朗氏 巨大外資傘下で生きる術, 日経ビジネス, 2019.9.30., pp.80-81.

일본 제약산업은 1980년대 중반에는 큰 폭의 약값 인하와 연구개발에 집중해왔다. 90년대에는 블록버스터 신약 출시와 대형 제약사의 M&A가 주로 이루어졌고, 2000년대에는 대형사 간 합병으로 2차 M&A 및 해외업체 M&A가 활발히 진행됐다. 2010년부터는 일본 정부의 신약 개발 촉진 장려정책에 따라 항암제, CNS 중심으로 파이프라인이 재편되고 있다.

쥬가이는 그동안 대형업체와의 M&A를 통해 그 안에서 다변적인 발판을 만들어 성장해 왔다. 또 핵심영역을 중심으로 연구개발을 위한 Chugai Global Research Network를 설립하여 핵심영역을 중심으로 '선택과 집중'을 단행해 왔다. 2005년에 줄기세포에 특화된 Forerunner Pharma Research, 2012년에는 항체 연구를 위한 Chugai Pharamabody를 설립함으로써 쥬가이 자체적으로도 연구를 진행해 왔다. 또한 로슈 산하의 입장을 이용해서 그룹 내 회사들과 파이프라인을 공유해 비교적 개발 가능성이 낮은 물질이라도 다른 신약 후보들과의 조합을 통해 개발 가능성을 높이는 역량을 키워 온 면도 있다.[60]

2020년 3월 주주총회에서 나가야마는 명예회장에 취임했다. 쥬가이의 변혁과 성장을 견인해 온 "카리스마"가 제일선에서 물러난 후 쥬가이가 어떻게 발전해 나갈 것인가. 로슈와의 제휴는 예전처럼 지속될 것인가. 이러한 과제가 앞으로 더 주요하게 될 것이다. 현재 로슈는 쥬가이 주식의 약 60%를 보유하고 있다. 신약 개발에 대한 연구개발 능력은

---

60) "일본 제약사는 어떻게 글로벌 제약사가 되었나", yacup.com, 2018.5.17. www.yakup.com/news/news_print.html?nid=218249

쥬가이는 1,000억 엔에 비해 로슈는 10배 이상인 1조 1,000억 엔 규모에 달한다. 이러한 압도적인 차이 속에서도 현재까지의 좋은 관계가 나가야마 오사무와 프란츠 휴머(Franz Humer)라는 양측 "카리스마" 회장의 인간적인 관계에 따라서 이루어졌다고 볼 때, 이를 전문경영자인 신임 경영진의 역량과 조직능력으로 어떻게 대체해 나갈 수 있는지 주목된다.

참고 문헌

- 永山治, "技術力をベースにしたグローバルな戦略的アライアンス", 「経営学論集」(日本経営学会) 77集, 2007, pp.64-68.
- "ロシュ社の傘下入りも自立経営維持 中外製薬が目指す世界戦略", 日経バイオビジネス, 2002.2., pp.47-49.
- "ひと烈伝・人物永山治氏［中外製薬社長］賭けに出た製薬界の貴公子", 日経ビジネス, 2002.9.9., pp.124-126.
- "特集 生き残る会社の条件 サバイバルＭ＆Ａ編", 週刊東洋経済, 2002.11.2., pp.47-51.
- "企業レポート 中外製薬 ロシュ傘下でも独自路線を堅持", 週刊ダイヤモンド, 2006.5.13., pp.84-87.
- "新社長 Who's Who 中外製薬 小坂達朗", 週刊ダイヤモンド, 2012.5.19., 132.
- "「深層リポート 中外製薬」6割出資のスイス・ロシュと伍する経営 中外製薬 われら外資にあらず", 週刊東洋経済, 2015.9.11., pp.44-48.
- "中外製薬会長 CEO 永山 治", 週刊ダイヤモンド, 2017.12.9., pp.20.
- "製薬大再編 ログインを利用して急成長 中外製薬のしたたか経営", 週刊東洋経済, 2018.6.16., pp.38-39.
- "編集長インタビュー 中外製薬社長兼 CEO(最高経営責任者) 小坂達朗氏 巨大外資傘下で生きる術", 日経ビジネス 2019.9.30., pp.80-81.
- "中外製薬(製薬大手) 大型薬誕生の舞台裏", 日経ビジネス, 2019.9.30., pp.74-77.
- "ロシュ提携や新薬に手腕, 永山・中外会長が退任, 社長に奥田氏", 日経産業新聞, 2019.12.18.
- "武田の時価総額, 中外を下回る, シャイアー統合効果, 焦点", 日本経済新聞, 2020.2.20.

- "バイオ医薬の次, 育成急ぐ,「中分子」, 免疫関連などに期待, 中外製薬社長小坂達朗氏に聞く", 日経産業新聞, 2018.12.3.

- "일본 제약사는 어떻게 글로벌 제약사가 되었나", yakup.com, 2018.5.17.
  www.yakup.com/news/news_print.html?nid=218249

- 中外製薬, https://www.chugai-pharm.co.jp/profile/history/index.html

6 Entrepreneurship

키엔스, 다키자키 다케미쓰

가치창출 기업가 및 기업가정신

Chapter 6. 키엔스, 다키자키 다케미쓰[61]

2019년 12월 말에 발표된 시가총액 순위(전체업종)에 따르면 10조 엔을 넘은 회사는 도요타, NTT, NTT도코모 등 3개이며, 9조 원을 넘은 회사는 소프트뱅크그룹, 소니, 키엔스 등 3개 사로 되어 있다. 그중 키엔스(9조 3,610억 엔)는 2018년도와 같은 종합 6위에 위치했는데, 소비재가 아닌 생산재를 취급하는 회사인 까닭에 일반 국민에게는 잘 알려져 있지는 않다.

키엔스는 공장자동화 및 검사장비를 개발 생산하는 기업이며, 제품에는 바코드 리더기, 레이저 마킹기, 비전 시스템, 측정 시스템, 마이크로스코프, 센서 및 정전기 제거 시스템 등이 있다. 고객은 거의 모든 제조업 분야에 넓게 존재하고 있다.

키엔스의 경영지표를 보면 2019년 3월 현재, 매출액 5,871억 엔, 영업이익 3,179억 엔, 영업이익률 54.1%를 기록하며, 자기자본비율은 94.4%에 달한다. 전 매출(5,871억 엔) 중 일본 국내는 2,751억 엔(46.9%), 해외는 3,120억 엔(53.1%)으로 해외 시장에서의 매출이 더

---

61) 야나기마치 이사오 | 게이오대학교 종합정책학부 교수, iyanagi@sfc.keio.ac.jp

큰 상황이다. 해외 매출 중 미국(14.8%)과 중국(11.9%)이 2대 시장을 형성되어 있다.[62]

키엔스는 전형적인 소유주 기업이며 지금도 창업자인 다키자키 다케미쓰(滝崎武光) 명예회장(74)이 실질적으로 영향력을 행사하고 있다. 2019년 3월 현재, 타키자키 명예회장 개인 지분(7.73%)과 그의 자산관리회사인 티티의 지분(15.07%)을 포함해서 22.8%를 보유하고 있다.[63]

〈그림 19〉 키엔스 매출고와 이익 추이

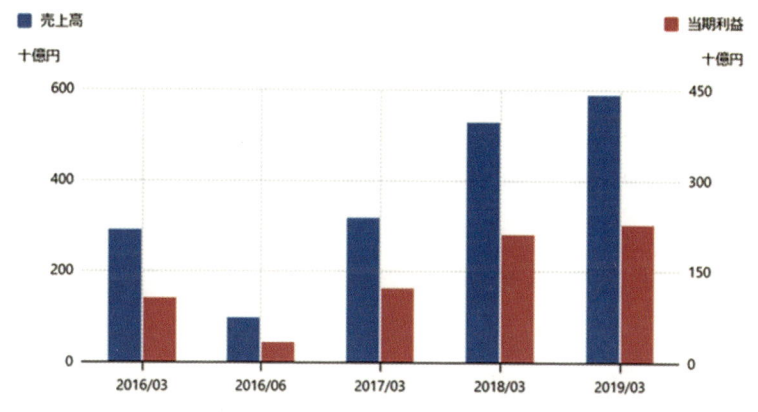

* 자료: https://www.nikkei.com/nkd/company/?n_cid=DSMMAA11&scode=6861

---

62) https://www.keyence.co.jp/company/outline/information.jsp 및 Annual Report 2019.
63) 「有価証券報告書(第50期　2018年3月21日~2019年3月20日)」, 株式会社キエンス, pp.14-15.

<표 8> 키엔스 경영성과

(단위: 백만 엔)

결산기	2016/3	2016/6	2017/3	2018/3	2019/3
매출고	291,232	96,352	316,347	526,847	587,095
영업이익	155,468	49,160	169,750	292,890	317,868
경상이익	156,905	47,943	173,436	298,860	319,860
당기이익	105,645	32,475	120,680	210,595	226,147
1주 이익(엔)	1,742.21	535.57	995.11	1,736.65	1,864.91
1주 배당(엔)	150.00	50.00	75.00	100.00	200.00
결산월수(월)	09	03	09	12	12

* 자료: https://www.nikkei.com/nkd/company/?n_cid=DSMMAA11&scode=6861

타키자키 명예회장은 일본을 대표하는 부호이기도 하다. 매년 발표되는 Forbes Japan's Richest People에는 항상 상위권에 들어가 있다. 2019년도 순위를 보면 1위 유니클로 야나이 다따시(249억 달러), 2위 소프트뱅크 손 마사요시(240억 달러), 3위 키엔스 타키자키 다케미쓰(186억 달러), 4위 산토리 사지 노부타다(108억 달러), 5위 라꾸텐 미끼타니 히로시(60억 달러) 순으로 되어 있다.[64]

---

64) https://www.forbes.com/japan-billionaires/list/#tab:overall

〈그림 20〉 키엔스 주가 추이

* 자료: https://www.nikkei.com/nkd/company/?n_cid=DSMMAA11&scode=6861

키엔스의 역사

창업자인 다키자키 다케미쓰는 1945년 오사카에 인접한 효고현(兵庫県)에서 태어났다. 아마가사키 공업고등학교(尼崎工業高校)를 졸업한 것이 그의 모든 학력이다. 그는 실업가가 되고 싶다는 꿈을 가지고 1972년, 27세 때 이따미(伊丹)에 "리드전기"를 창업하여 자동제어기기, 전자응용기기의 개발, 제조판매에 착수했다. 1974년, 주식회사로 개편하고 아마가사키(尼崎)에 리드전기주식회사를 설립했다.

1985년 오사까 타까쓰끼(高槻)에 제조자 회사인 "크레포"(현 키엔스 엔지니어링)를 설립하고, 1986년에는 브랜드와 상호통일을 위하여 회사 이름을 "키엔스"로 변경하게 되었다. 키엔스는 "Key of Science"란 표현에서 만든 조어이다. 1990년에는 도쿄 증권거래소 및 오사까 증권거래소 1부에 각각 상장하여 본격적인 도쿄진출을 시작했는데, 미국(1985년), 독일(1990년), 중국(2001년) 등에 대한 진출 역시 급속도로 진행되었다.

　다키자키 다케미쓰는 2000년, 26년간의 사장직을 퇴임하여 회장에 취임하였다. 대표이사 회장(2000~2015년)을 거쳐서 명예회장(2015년~현재)으로 현재는 제일선에서 물러난 상태이지만 키엔스 그룹 전체 운영에 대해 조언하고 인재를 육성하는 일을 하고 있다. 2대 사장은 사사키 미치오(佐々木道夫)이며 2000년, 43세의 젊은 나이로 사장에 취임했다.

　1981년 메이지대(明治大) 정경학부를 졸업한 그는 구 리드전기 입사 후 센서 사업책임자를 거쳐서 1999년 이사에 취임하고 바로 2000년에 사장에 올라갔다. 신분야, 신사업 등 그룹 전략은 다키자키 회장이 관여하고 사사키 사장은 소유주 회장 밑에서 각 사업부의 총괄책임자 역할을 담당하게 되었다.[65] 사사키는 2010년까지 10년 동안 사장직을 맡았으나 대표권을 가진 것은 2007년부터의 3년간뿐이었다. 2010년, 사장을 퇴임한 사사키는 특별고문이 되었다.

---

65) "キーエンス, 社長に佐々木道夫氏 - オーナー滝崎武光氏, 会長に", 日経産業新聞, 2000.11.15.

3대 사장은 야마모토 아키노리(山本晃則)다. 야마모토는 1987년, 리쓰메이칸대(立命館大) 이공학부를 졸업한 후 키엔스에 입사하여 2009년 이사에 취임하고 바로 2010년에 45세의 나이로 대표이사 사장으로 승진했다. 야마모토는 사장 취임 때부터 대표권을 가지고 있었지만 역시 키엔스의 최고경영자는 다키자키 회장이었다고 볼 수 있다. 2014년 당시 업적은 급성장했음에도 야마모토 사장의 그림자는 희미했다고 전해지고 있다.

2014년 당시, 한 보도에 의하면 한 중견사원이 "결국 회장님 뜻에 달려 있으니까"라고 한탄했다고 한다. 창업자 다키자키 다케미쓰 씨(당시 68)가 대표권이 있는 회장으로 물러난 것은 2000년이었으며, 그로부터 14년이 지난 당시에도 야마모토 사장의 결재가 내린 품의서(稟議書)의 일부가 타키자키 회장의 의향으로 되돌려지는 일이 있었다는 것이다.[66]

주위가 부러워하는 좋은 업적이라고 해도 40대인 야마모토 사장의 업적이라고 평가하기는 어려울 것이다. 오히려 창업자에 매달리는 "다키자키 상점"으로서의 급성장이었다고 보는 것이 자연스러운 일이 아닐까 싶다. 40대 사장들은 소유주 회장 밑에서 충실하게 일하는 아주 우수하고 훌륭한 전문경영인이라고 평가할 수 있을 것이다.

2019년 11월에는 야마모토 사장이 퇴임하고 나카다 유(45) 이사의 4대 사장 취임이 발표되었다. 나카다는 1997년 칸세이가꾸인대(関西

---

66) "キーエンス, 海外比率 50%の先 – 強まるか「山本色」(サーチライト)", 日経産業新聞, 2014.2.12.

学院大) 법학부를 졸업한 후 키엔스에 입사하여 주력업종인 센서사업부를 이끌어온 중심인물이다. 2018년 6월 센서사업부장, 동년 12월 사업추진 부장, 2019년 6월 이사, 그리고 2019년 12월 대표이사 사장으로 승진하게 되었다.

2019년 3월 현재 키엔스는 종업원 수 2,388명, 평균 연령 35.8세, 평균 근속연수 12.1년, 그리고 평균 급여(연봉)가 2,110만 엔으로 알려져 있다.[67]

고수입, 고속승진을 기대할 수 있는 기업으로서도 취직 활동을 하는 학생으로부터도 높은 주목을 받고 있다. 40대 중반에 사장 승진이라는 것도 창업자인 소유주 경영자 없이는 생각할 수 없다. 그러면 키엔스의 높은 수익력과 시가총액 등은 어떻게 가능해진 것일까? 키엔스의 높은 경쟁력은 다음 두 가지로 고찰할 수 있다.

성공요인 1: 직접판매 방식

제조업 기업에서는 고객에 상품을 판매할 때 대리점을 이용할 경우가 대부분이다. 키엔스는 창업 이래 대리점을 안 쓰고 영업사원이 직접 고객을 방문한다. 구매 담당 부서가 아니라 고객의 생산라인이나 연구개발 부문을 직접 방문하여 자사 제품을 직접 판매하고 있다.

---

[67] 「有価証券報告書(第50期　2018年3月21日~2019年3月20日)」, 株式会社キーエンス, p.9.

키엔스가 취급하는 주력제품은 제조공장에서 자동화기기를 제어할 때 사용되는 센서들이다. 고객의 현장 니즈에 맞는 센서나 측정기기를 제공하는데 단순히 제품을 판매하고 끝나는 것이 아니라 맞춤형 컨설팅 영업을 하는 것이다. 고객이 원하고 있는 솔루션을 제공한다고 할 수 있다.

일반적으로 어떤 회사가 구입한 설비에 문제가 발생하면 키엔스는 설비를 구입한 회사(고객)와 키엔스 직원이 만나 바로 문제를 해결한다. 또 키엔스의 센서 전문가, 시각 시스템 전문가, 바코드 리더기 전문가 등이 문제를 해결할 수 있는 최적의 해결책을 찾아 고객에 제공한다. 영업사원은 세계 곳곳의 다양한 공장을 돌아다니며 고객의 수요를 철저히 파악해야 한다. 당연히 탁월한 능력이 요구되고 많은 성과를 올리게 되면 많은 보수를 받게 되는 것이다.

2003년 Nikkei Business는 당시 키엔스의 경영을 특집으로 실었다.[68] 한마디로 말하면, 키엔스의 상품개발은 고객 현장에 떨어져 있는 숨은 광맥을 발굴해 생산성, 연구효율 개선의 형태로 잠재적인 이익을 실현한다는 것이 큰 특징이었다고 볼 수 있다. 고객의 제조현장을 방문하여 고객 자신도 모르는 잠재적인 요구를 발굴해 그것을 상품화한다는 자세는 지금도 변함없이 이어지고 있다.

한 담당자가 증언하기에는, 2003년 당시 화상처리장치의 가격은 수백만 엔 이상이었으며, 설비 메이커 기술자가 조정하지 않으면 사용할 수 없는 특주품(特注品)이었는데, 키엔스는 라인 기술자가 쉽게 사용할 수

---

68) "特集 キーエンスの祕密", 日経ビジネス, 2003.10.27., pp.30-36.

있도록 하고, 가격도 30만 엔대 후반까지 내리게 만든 것이다. 과잉기능을 버리고 소형화, 저렴화한 다음, 이름도 "화상센서"로 변경시킨 것이다.

개별 제조라인에서 요구되는 화상센서를 보다 구체적으로 만들어 고객이 만족하는 제품으로 제공한다. 고객의 고민에 귀를 기울이고, 함께 고민하면서 전체적인 솔루션을 제공한다는 데에 키엔스의 "컨설팅 영업"의 본질이 있다. 이러한 부분들은 2000년대 초반에 이미 완성되었다는 점을 강조하고 싶다.

이런 의미에서 키엔스는 "영업력의 회사"라고 평가할 수 있다. 회사 설명에도 있는데 "개발과 영업 부문이 일체화된 신상품 개발과 시장개척"이 키엔스의 경영특징이 되어 있다. 키엔스의 경영방침으로 다음과 같이 두 가지를 지적할 수 있다.[69]

1) 해외사업 확대

해외사업에 대해서는 국내시장의 규모에 비해 상품의 침투도는 낮으나 판매 확대의 기회가 많다고 보고 있다. 이러한 경영환경에 대응하여 국내와 같이 고객에 대한 직접판매 방식을 해외에서도 추진하는 것이 중요하며, 구체적으로서는 판매체제의 강화와 영업인원의 육성이 제일 중요한 부분이 된다.

---

69) 「有価証券報告書(第50期 2018年3月21日~2019年3月20日)」, 株式会社キーエンス, 10.

2) 인력 개발

앞에서 언급한 경영특성으로 볼 때, 키엔스의 강점은 바로 인력에 있다고 할 수 있다. 개인의 힘과 조직의 힘을 동시에 향상하기 위해서는 사내 조직의 플랫화, 정보의 오픈화, 공평하고 깨끗한 사내 조직 만들기 등을 더욱 강화할 필요가 있을 것이다.

성공요인 2: 팹리스(fabless) 경영

키엔스의 또 하나의 경영특징은 "팹리스(fabless)", 즉 자사 공장을 가지지 않는 경영방식이다. 1985년, 구 리드전기는 100% 출자의 자회사 "크레포"를 설립했다(1986년 회사명은 "키엔스 엔지니어링"으로 변경).

2003년 당시 키엔스는 생산의 10%를 자회사인 키엔스 엔지니어링에서 담당시키고, 양산(量産) 방법이 확립된 나머지 90%의 생산을 협력회사에 의뢰하는 팹리스 방식을 취하고 있었다. 당시 협력회사는 간사이(関西)권을 중심으로 오카야마(岡山) 시마네(島根) 부근에서 미에(三重), 시가(滋賀) 정도까지 거의 트럭으로 몇 시간 이내의 거리에 집중하고 있었으며, 전용 반도체나 특수렌즈 등을 발주하고 있는 회사도 있었지만, 키엔스를 위한 전용업체는 없었다. 민생품을 만드는 보통 전기업체와 다를 바 없었으며, 그 대신 키엔스가 중시한 것은 무엇보다 즉납(即納)이었다.

그때나 지금이나 똑같이 키엔스가 공급하는 제품은 모든 고객에 있어서 공장 라인이나 연구개발의 현장에 "꼭 있어야 하는 생산재"이며, 따라서 고장이 나거나 재고가 떨어졌을 때 즉시 대응해야 한다는 사명이 있는 것이다. 자사의 생산거점인 "크레포"란 이름은 "Quick Response"란 표현을 줄여서 만든 조어이다. 바로 이 "즉시 대응"을 원칙으로 한다는 것이 키엔스의 변함없는 특징이다.

키엔스 엔지니어링이 존재하는 타카츠키(高槻)에는 "타카츠키 생산관리센터"가 있는데 별의별 제품이 모두 갖추어져 있으며, 오후 6시까지 들어간 주문은 그날 밤 택배 정기 트럭이 찾아 다음 날 고객에 들어간다고 한다. 현재는 주문된 상품을 그날 안으로 배달하는 "전 세계 당일 출하(全世界当日出荷)"가 가능하게 되었다.[70]

이렇게 보면 키엔스그룹의 핵심 이념인 "Quick Response"는 회사 창업 당시(1985년)와 변함이 없다. 오히려 세계시장에서의 매출이 키엔스 전체의 50%를 넘은 현재로 볼 때 전 세계 사업장에서 "Quick Response"가 실현되어 있다고 볼 수 있다.

이렇게 볼 때 키엔스의 중심적인 비즈니스 모델은 고객에 대한 컨설팅 영업이며, 그 높은 영업력을 지탱하는 요소가 바로 팹리스에 의한 유연한 생산체제라는 것이다. 즉, 키엔스는 일괄생산을 고집하지 않고, 자사 공장을 두지 않으며, 제조는 국내 및 해외의 협력회사에 위탁하고 있다는 것이다. 자사공장을 가지게 되면 신상품을 제조할 때마다 라인 재

---

70) https://www.keyence-engineering.co.jp/group/businessmodel/

편성이 필요하며, 이것이 생산성 악화나 비용 상승을 초래해 결국 유연성 저하를 초래하게 된다. 세계정세나 시장의 변화에 좌우되지 않고 부가가치가 높은 상품을 대량생산하려면 팹리스 방식이 가장 합리적이라고 키엔스는 보고 있다.

중심적인 비즈니스 모델은 고객에 대한 높은 수준의 컨설팅 영업이다. 글로벌 차원에 있어서도 고객과의 직접적인 관계를 다음과 같이 중요시하고 있다. 즉 키엔스는 세계 46개국 210개 거점에서 사업을 전개하고 있는데, 글로벌 기업은 보통 기획과 개발에 특화해 대리점이나 판매사를 이용하기 때문에 고객까지의 거리가 멀어진다. 그 결과 고객이 안고 있는 과제나 요구를 파악하기 어려워진다는 측면이 있다. 키엔스는 전 세계에 거점을 두고 직판체제(直販体制)를 정비함으로써 고객과의 신뢰관계를 쌓아 올리는 "글로벌 다이렉트 세일즈"를 추구하고 있는 것이다.

전문지식을 가진 키엔스의 영업 담당자가 제조현장에 발길을 옮겨 현장으로부터 고민을 들어 숨은 요구를 찾아내 고객이 안고 있는 과제를 해결한다는 것이다. 상품을 판매하는 영업이 아니고 제조현장에 있는 과제에 대해서 즉각적으로 해결책을 제안하는 컨설팅 영업이야말로 고객의 과제를 해결할 수 있는 유일한 방법이라고 키엔스는 판단하고 있는 것이다.[71]

---

71) https://www.keyence-engineering.co.jp/group/businessmodel/

이러한 비즈니스 모델은 회사창업 시와 변함이 없는 것 같이 보인다. 창업자 다키자키 다케미쓰가 2003년, Nikkei Business와의 인터뷰에서 흥미로운 견해를 말하고 있다.

직판체제와 부가가치를 추구하는 독자적인 경영모델은 창업 당시부터 전혀 바뀌지 않았으며, 키엔스는 늘 세상에 없는 부가가치가 높은 상품을 만드는 것을 추구해 왔다고 한다. 카탈로그만으로는 키엔스 상품의 좋은 점을 알릴 수 없고, 상사 등 중간조직을 통해서는 개발자의 의도를 정확하게 고객에게 전달할 수 없기 때문에 결국 교육을 받은 자사 영업사원에 의한 직판을 당초부터 관철해 왔다는 주장이다.[72]

창업자인 다키자키가 가장 강력하게 강조한 키워드는 "부가가치"이다. 키엔스는 고부가가치 생산재를 만들고, 최종적으로 사람들의 생활에 도움이 되는 것을 목적으로 사업을 하고 있는 것이다. 다키자키는 부가가치를 창출하는 것은 기술이나 사이언스이며, 과거가 아니라고 강조하고 있다. 따라서 키엔스에는 과거에 집착하는 분위기가 전혀 없다.

기념일은 창업 시의 정신으로 돌아가기 위한 것으로 회고취미가 되어 버린다고 하며, 또 회사에는 창업 시 상품도 구비되어 있지 않다고 한다. 애프터서비스가 끝난 시점에서 현재와 장래에 필요 없는 상품은 모두 폐기한다고 할 정도이다. 키엔스 본사 건물에 화석 조형물이 있는 이유도 변화에 대응해 나가지 못하면 화석이 될 수 있다는 메시지 때문이

---

72) "特集 キーエンスの祕密", 日経ビジネス, 2003.10.27., pp.40-43.

라고 한다. 한마디로 하면 키엔스에 과거는 필요 없다는 것이다.[73]

마지막으로 2019년 12월에 사장에 취임한 나카타 유(中田有)의 메시지를 확인해 보자. "모든 것은 부가가치의 창조를 위해"라는 주제에 이어 나카타는 다음과 같이 말하고 있다.

"회사설립(1974년) 이래, 부가가치의 창조야말로 기업의 존재 의의이며, 또 그것에 의해서 사회에 공헌한다는 생각에 사원 모두가 하나가 되어 사업활동에 임해 왔다. … (중략) … 크게 성장 여지가 있는 해외 시장에 있어서 다이렉트 세일즈 체제를 제대로 정착시키는 것으로 매상을 크게 늘려 갈 수 있다고 생각하며, 또 높은 부가가치 상품을 계속해서 세상에 내보내는 것도 중요한 과제"라고 말하고 있다.[74]

다키자키 다케미쓰는 창업자로서 "부가가치" 중심경영을 이끌어 갈 수 있는 최고경영자들을 육성해 왔다고 할 수 있다. 창업자에 이어 2대 사장이 된 사사키 미치오(佐々木道夫)도 "고객에게 도움이 되는 제품을 개발하고 최대의 부가가치를 추구하는 문화가 없어져 버리면, 그것은 더 이상 키엔스가 아니다. 극히 평범한 회사가 되어 버린다"고 말하고 있다.[75]

지금까지 독창적인 가치를 창조해 온 다키자키 다케미쓰의 강력한 창업자 정신이 앞으로 어떻게 승계될지 계속해서 주목할 필요가 있을 것이다.

---

73) "特集 キーエンスの祕密", 日経ビジネス, 2003.10.27., pp.40-43.

74) "社長メッセージ", https://www.keyence.co.jp/company/message/

75) "特集 キーエンスの祕密", 日経ビジネス, 2003.10.27., p.39.

참고 문헌

- "キーエンス 独自の生産・販売体制で高収益", 週刊エコノミスト, 1990.3.27., p.95.
- "良い会社とは何か－そびえ立つ付加価値城, 生産すべて外部", 日経産業新聞, 1991.9.17
- "キーエンス社長滝崎武光氏－高付加価値体質を堅持", 日本経済新聞, 1995.10.10.
- "企業トップ投資家に語る(7)キーエンス滝崎武光社長－値上がり益で報いる", 日本経済新聞, 1997.4.17.
- "ここに価値ありキーエンス－直販, ファブレス効率追求", 日経産業新聞, 1998.2.23.
- "キーエンス, 社長に佐々木道夫氏－オーナー滝崎武光氏, 会長に", 日経産業新聞, 2000.11.15.
- "特集　キーエンスの秘密　利益率 40％驚異の経営", 日経ビジネス, 2003.10.2., pp.30-43.
- "株価が語る　キーエンス　高収益神話, 崩せぬ宿命", 日経ビジネス, 2009.6.1,18.
- "編集長インタビュー 直販体制で高利益率をキープ 山本晃則キーエンス社長", 週刊エコノミスト, 2011.11.29., pp.4-5.
- "キーエンス, 海外比率 50％の先－強まるか「山本色」", 日経産業新聞, 2014.2.12.
- "キーエンス, 創業者の滝崎氏,名誉会長就任へ", 日本経済新聞, 2015.2.3.
- "キーエンス, 時価総額8兆円視野に", 日本経済新聞, 2017.10.31.
- "時価総額トップ2, 任天堂VSキーエンス", 日本経済新聞, 2018.10.10.

- "キーエンス純利益7％増, 前期, 海外でセンサー伸びる, 7年連続で最高更新", 日本経済新聞, 2019.4.25.

- "平成の30年間, 時価総額の増加, トヨタがトップ, キーエンス2位", 日本経済新聞, 2019.4.27.

- "キーエンス, 高収益の秘密--勤続平均 12.2年, 引き留め策課題", 日本経済新聞, 2019.5.8.

- "キーエンス高収益路線, 岐路, 「米中」響きセンサー不振, 4～6月, 最終減益", 日経産業新聞, 2019.7.29.

- "キーエンス, 9年ぶり社長交代 新体制は逆風下の船出", 日本経済新聞, 2019.10.31.

- "編集長インタビュー 直販体制で高利益率をキープ　山本晃則キーエンス社長", 週刊エコノミスト, 2011.11.29., pp.4-5.

- [Case study] 일본 전기기기기업 '키엔스', ECONOMY CHOSUN, No.237, 2018.2.5.
  http://economy.chosun.com/client/news/view_print.php?t_num=12981&tableName=article_2005_03&boardName=C01&t_ho=237&t_y=&t_m=

- "부활하는 일본경제 키엔스, 일본 침체기에도 혁신·혁신·혁신… 영업이익률 56% 달해", 한국일보, 2018.9.11.
  https://www.hankookilbo.com/News/Read/201809101701391755

- "[이슈추적] 불황, 그게 뭐야? 초고수익 구가하는 일본 키엔스, 라간정밀 아십니까?", 더밸류뉴스, 2019.3.13.
  http://www.thevaluenews.co.kr/m/view.php?idx=155823

- 키엔스(일본), https://www.keyence.co.jp/

- 키엔스 엔지니어링(일본), https://www.keyence-engineering.co.jp/

- 키엔스 코리아(한국), https://www.keyence.co.kr/

7

Entrepreneurship

네이버, 이해진

**파괴적 혁신 기업가 및
기업가정신**

Chapter 7. 네이버, 이해진[76]

이해진, 삼성의 사내벤처로 사업 시작

대한민국 내 포털업계에서 압도적인 1위인 네이버의 시작은 삼성 SDS의 사내 벤처였다. 삼성SDS의 한계 도전 프로젝트(회사의 임직원들이 1년간 자신들이 원하는 분야에 도전하여 업적을 성취할 수 있는 프로젝트)를 통해 미래를 이끌 기술로 인터넷을 주목한 한 프로그램 참여자가 있었다. 그의 이름은 1992년 삼성SDS에 입사한 서울대 전자공학과 1986학번 '이해진'이라는 사원이었다. 이해진은 한계 도전 프로젝트에서 진행된 연구를 바탕으로 한국 고유의 검색엔진 개발에 몰두했다. 그는 마침내 1997년에 삼성SDS의 사내벤처 제도를 통해 사업을 시작하게 되었다. 네이버라는 명칭은 '항해하다'라는 뜻의 'navigate'에 사람을 뜻하는 접미사 '-er'를 붙여 만든 단어로 '인터넷을 항해하는 사람'이라는 의미라고 할 수 있다.

---

76) 전기석 | 연세대학교 정경대학 교수, jks5473@yonsei.ac.kr,
연세대학교 경영학사, 미국 메릴랜드 주립대학교 경영학 박사,
현)서울금융포럼 회장

이해진을 비롯한 네이버의 초기 멤버들은 삼성SDS 내의 사내벤처에서 '웹글라이더'라는 이름으로 시작해 1998년 독립법인으로 '네이버컴'을 분사시켰다.[77] 분사 당시 초기자본금은 5억 원이었는데, 분사 후 얼마 지나지 않아 한국기술투자주식회사로부터 네이버는 100억 원의 투자를 받으며 시장의 주목을 받게 되었다. 그 당시 IMF로 인해 국내시장이 아수라장이 된 가운데, 새로운 성장사업으로 정보기술(IT)분야가 주목받기 시작하면서 네이버를 위시한 다수의 IT기업은 공격적인 투자를 받으며 폭발적인 성장을 이룩하기 시작하였다. 그렇지만 당시에는 네이버를 비롯한 대부분의 포털사이트 전망은 그리 밝지만은 않았는데, 첫째 이유는 포털서비스가 뚜렷이 내세울 만한 수익 모델이 없었기 때문이고, 둘째 이유는 야후 등 국제적인 대기업들이 이미 시장을 선점하고 있었기 때문이었다.

당시 네이버처럼 삼성SDS 출신 인물이 경영하고 있으며, 정보기술(IT)시장 붐을 타고 급격한 성장을 이룬 또 하나의 기업이 있었는데 이 기업이 바로 '한게임'으로 천만 명의 회원을 보유하고 있던 게임 서비스 업체였다. 100억 원의 투자를 받아 비교적 안정적인 자금여건을 갖추고 있던 네이버와 거대한 이용자 풀과 게임 콘텐츠를 확보하고 있는 한게임은 서로의 부족한 부분을 보완할 수 있는 두 서비스의 결합을 위해 상호 윈윈(win-win) 전략을 추구했다. 네이버와 한게임은 2000년 7월 합병을 발표했고, 합병초기에는 네이버를 창업한 이해진과 한게임을 창업한 김범수가 공동대표를 맡았다. 2001년 9월에는 합병법인의 상호를

---

77) 1997년 2월 이해진, 권혁일, 김보경, 구창진, 오승환, 최재영, 강석호 등이 '웹글라이더'를 시작하였다.

NHN(Next Human Network)주식회사로 변경했으며, 합병 다음 해인 2002년에 주식을 코스닥시장에 등록했다. 이해진 대표는 이때 벌써 합병을 통해 '검색으로 미래를 삼고, 게임으로 현재를 버틴다'라는 전략을 세우고 있었던 것으로 알려져 있다. 합병 이후 상대적으로 불안정한 재무구조를 가지고 있었던 한게임의 유료화를 통하여, 합병 전 6천만 원의 적자가 반전하여 순이익 100억 원으로 전환되는 극적인 변화가 일어나게 되었다.

네이버, 무서운 속도로 성장하여 한국 검색 부문 및 포털 사이트 선두 탈환

2003년에 네이버는 야후코리아를 제치고 검색 부문 1위, 포털사이트 순위 1위를 차지한 후 지금까지 1위 자리를 유지하고 있다. NHN은 지식인(iN) 이후 검색엔진과 함께 네이버 서비스의 새로운 성장동력이 된 블로그, 카페 등 커뮤니티 서비스에서도 큰 성공을 거두게 되었다.

순위를 알려주는 랭킹닷컴 조사 결과에 따르면 2004년 2월 네이버는 시간당 방문자 숫자 기준으로도 처음으로 포털사이트 '다음'을 제쳤다. 2004년 말에 들어서는 네이버가 검색시장 점유율 60%를 넘으면서 '다음'과의 격차를 더욱 벌렸다. 2004년 게임 개발 스튜디오인 NHN 게임스(주)를 세웠으며, 2005년에는 기부포털 서비스인 '해피빈'을 고객들에게 제공하였다. 또한 2005년 미국 현지법인인 NHNUSA를 세워 북미 시장에 교두보를 마련하였고 인터넷 서비스의 운영을 전담하는 NHN서비스(주)를 세웠다.

2006년에는 검색 전문회사인 (주)첫눈을 인수했으며, 2007년에는 미국의 NHNUSA가 게임 포털 서비스인 이지닷컴(ijji.com)을 선보였다. 한편 2007년 8월에 합병회사를 떠난 김범수 대표는 독자적으로 2010년에 (주)카카오를 세웠다. 2008년 NHN은 코스닥 시장에서 거래됐던 기존 주식을 모두 상장 폐지하고, 유가증권시장인 한국거래소에 상장시켜 증권시장의 본류에 진출했다. 2020년 7월 현재 네이버의 시가총액은 45.5조 원에 이르고, KOSPI 기준으로 4위권에 돌입하였다.[78]

〈그림 21〉에서 네이버의 주가 움직임은 2012년부터 2013년 사이에 급상승세를 나타내는 등 전반적으로 상승추세를 보여주다가, 2017년 162달러에 육박하면서 고공행진을 하더니, 2018년에 접어들면서 내림세를 보인 후 다시 증가추세에 있다. 이것은 아마도 카카오톡과 같은 메신저 업종인 일본 라인(Line)의 확장에 따른 투자금 과다지출에 대한 투자자들의 우려가 반영되어 주가 내림세를 보인 듯하다. 하지만 일본 소프트뱅크와의 경영통합 발표 후 긍정적인 반응이 나타나 다시 2017년 수준으로 회복된 것으로 판단된다.

---

78) 2020년 7월 1일 현재 KOSPI 시가총액 순위는 1위 삼성전자, 2위 SK하이닉스, 3위 삼성바이오로직스, 4위 네이버, 5위 셀트리온.

<그림 21> 네이버 주가 추이

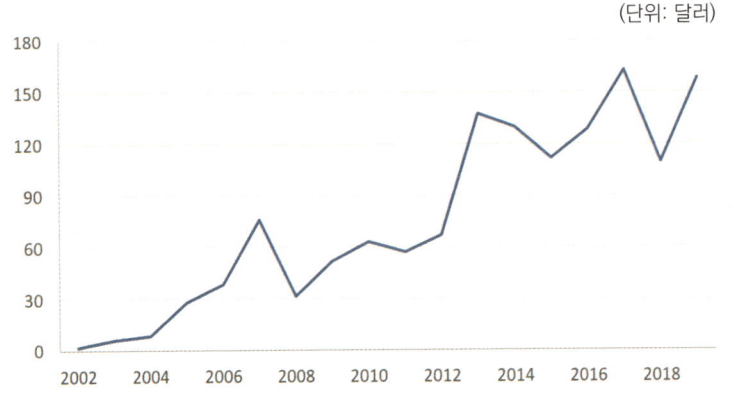

* 자료: Bloomberg Database

　<그림 22>는 네이버와 같은 플랫폼 업종인 미국의 구글 주가 추이를 보여준다. 구글은 2008년 금융위기 때 잠시 주가가 하락한 적은 있지만, 그 외에는 꾸준한 상승세를 보인다. 2005년에 200달러 주변을 맴돌다가 2008년 잠시 하락세를 보인 후 다시 반등하여 지속해서 상승했고 최근에는 2005년에 비해 무려 6배 상승한 1,300달러를 돌파하는 저력을 보여주고 있다.

⟨그림 22⟩ 구글 주가 추이

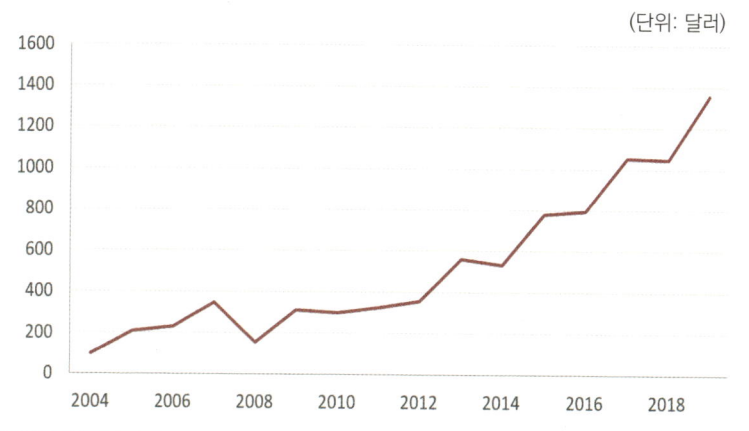

(단위: 달러)

* 자료: Bloomberg Database

⟨그림 23⟩은 네이버의 시가총액 추이를 보여주고 있다. 네이버는 2004년에 시가총액이 13억 달러를 밑돌았으나 꾸준히 상승하여 2017년도에는 267억 달러를 훌쩍 넘겼다가 2018년도 감소 후 2019년 말 260억 달러로 다시 회복되었다.

<그림 23> 네이버 시가총액 추이

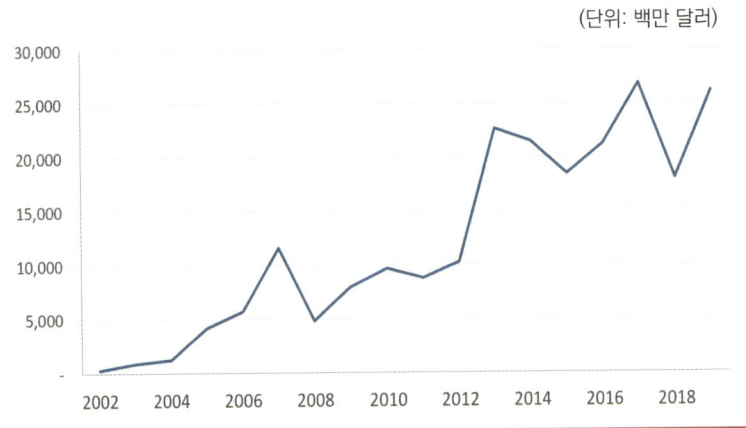

* 자료: Bloomberg Database

　〈그림 24〉는 구글의 시가총액을 보여주고 있다. 구글의 시가총액은 2004년에 500억 달러를 간신히 넘었으나, 이후 2008년 금융위기 시절을 제외하고는 지속해서 증가하여 최근에는 9,300억 달러를 넘기며 글로벌 선두권에서 군림하고 있다. 이러한 구글의 고성장은 거대기업으로 도약한 이후에도 진행되고 있어 경이로움 그 자체를 나타내고 있다.

　〈그림 25〉에서는 네이버와 구글의 성장성을 분석하기 위해 양사의 매출 증가율을 비교하였다. 2005년부터 2019년까지 네이버의 평균 매출 증가율은 25.4%로 비교적 높은 편이지만 구글은 이보다 높은 31.6%를 보여주며 우월한 성장성을 보여주었다.

〈그림 24〉 구글 시가총액 추이

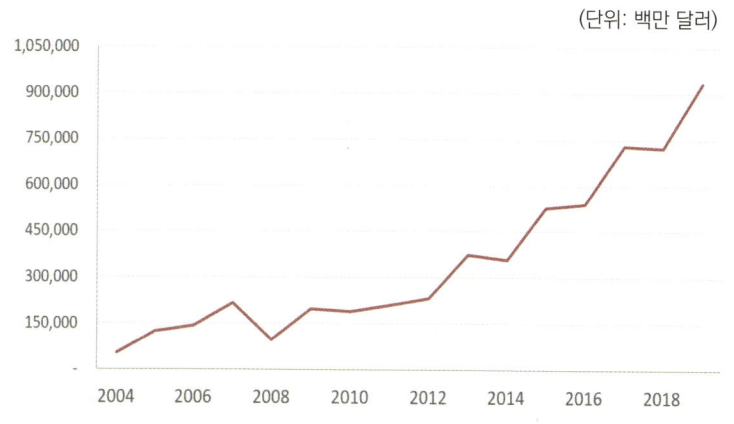

(단위: 백만 달러)

* 자료: Bloomberg Database

〈그림 25〉 네이버 & 구글 성장성 비교 – 매출증가율 추이

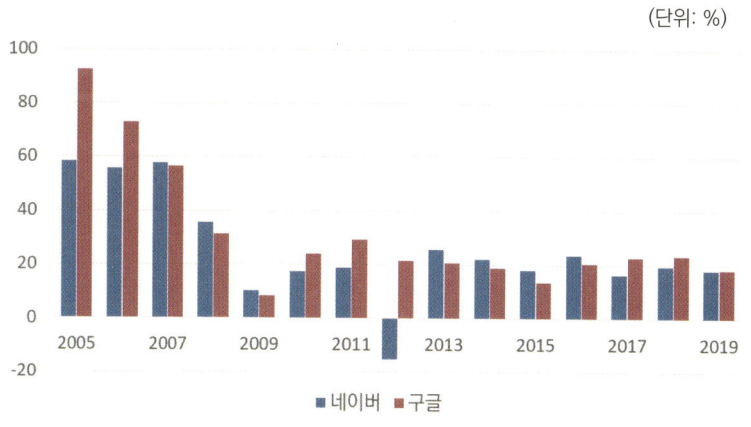

(단위: %)

* 자료: NICE평가정보, Bloomberg Database

〈그림 26〉은 네이버와 구글의 수익성을 비교하기 위해 양사의 영업이익률을 제시하고 있다. 2005년부터 2019년까지 네이버의 평균 영업이익률은 28.4%로 구글의 28.7%와 유사하다. 또한 당기 순이익률 평균도 네이버가 23.7%로 구글의 23.1%와 유사한 결과를 보여 수익성 면에서는 양사가 유사하다고 볼 수 있다.

〈그림 26〉 네이버 & 구글 수익성 비교 – 영업이익률 추이

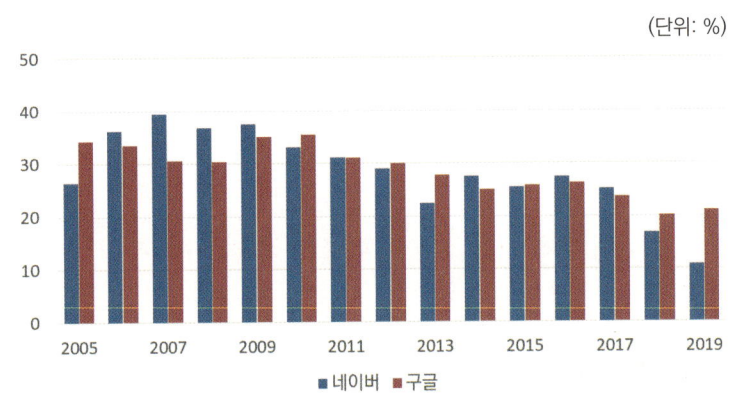

* 자료: NICE평가정보, Bloomberg Database

〈그림 27〉에서는 네이버와 구글의 안정성을 분석하기 위해 부채비율(총부채/총자본) 추이를 살펴보았다. 네이버의 부채비율은 60%를 넘는 경우가 자주 있었으며 최근에도 90%에 육박하여 타인자본 비율이 높아 주의해서 관찰할 필요가 있다. 한편 구글은 2017년까지는 부채비율이 30% 미만으로 유지되다가 최근 들어 다소 상승하고 있다.

〈그림 27〉 네이버 안정성 비교 – 부채비율 추이

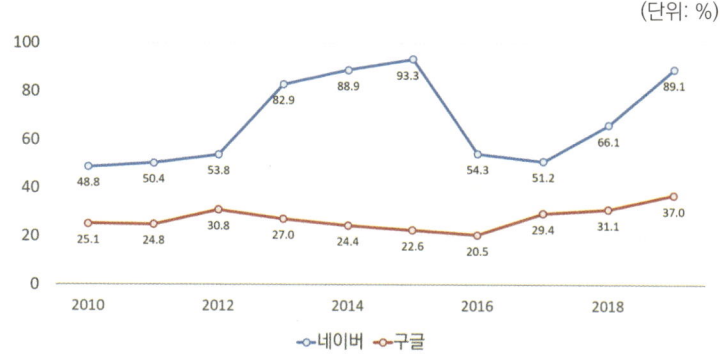

* 자료: Bloomberg Database

〈표 9〉 네이버 실적 추이

(단위: 억 원, %)

연도	매출액	영업이익	순이익	매출액 증가율	영업이익률	당기순이익률
2005	4,146	1,097	136	58.3	26.5	3.3
2006	6,451	2,338	1,508	55.6	36.2	23.4
2007	10,180	4,013	2,771	57.8	39.4	27.2
2008	13,801	5,086	3,694	35.6	36.9	26.8
2009	15,218	5,710	4,226	10.3	37.5	27.8
2010	17,854	5,904	4,689	17.3	33.1	26.3
2011	21,213	6,604	4,521	18.8	31.1	21.3
2012	17,987	5,212	5,444	-15.2	29.0	30.3
2013	22,591	5,065	18,953	25.6	22.4	83.9
2014	27,585	7,582	4,518	22.1	27.5	16.4
2015	32,539	8,302	5,170	18.0	25.5	15.9
2016	40,226	11,020	7,591	23.6	27.4	18.9
2017	46,785	11,792	7,701	16.3	25.2	16.5
2018	55,869	9,425	6,279	19.4	16.9	11.2
2019	65,934	7,101	3,968	18.0	10.8	6.0
평균	26,559	6,417	5,411	25.4	28.4	23.7

* 주: IFRS 연결재무제표 기준
* 자료: NICE평가정보

〈표 10〉 구글 실적 추이

(단위: 백만 달러, %)

연도	매출액	영업이익	순이익	매출액 증가율	영업이익률	당기순이익률
2005	6,139	2,107	1,465	92.5	34.3	23.9
2006	10,605	3,550	3,077	72.8	33.5	29.0
2007	16,594	5,084	4,204	56.5	30.6	25.3
2008	21,796	6,632	4,227	31.3	30.4	19.4
2009	23,651	8,312	6,520	8.5	35.1	27.6
2010	29,321	10,381	8,505	24.0	35.4	29.0
2011	37,905	11,742	9,737	29.3	31.0	25.7
2012	46,039	13,834	10,737	21.5	30.0	23.3
2013	55,519	15,403	12,733	20.6	27.7	22.9
2014	66,001	16,496	14,136	18.9	25.0	21.4
2015	74,989	19,360	16,348	13.6	25.8	21.8
2016	90,272	23,716	19,478	20.4	26.3	21.6
2017	110,855	26,146	12,662	22.8	23.6	11.4
2018	136,819	27,524	30,736	23.4	20.1	22.5
2019	161,857	34,231	34,343	18.3	21.1	21.2
평균	59,224	14,968	12,594	31.6	28.7	23.1

* 자료: Bloomberg Database

〈표 9〉와 〈표 10〉은 각각 네이버와 구글의 주요 경영지표 추이를 보여주고 있다. 환율변동 효과를 무시하면, 매출증가율 측면에서는 평균적으로 구글이 네이버를 앞섰으나, 영업이익률과 당기 순이익률 측면에서는 네이버와 구글의 실적이 유사하였다. 즉, 양사는 수익성이 유사하고, 구글이 성장성에서 앞섰다고 할 수 있다.

네이버의 사업영역 확대 과정

네이버는 2009년 마이크로 블로그 서비스인 미투데이와 여행정보 사이트 윙버스를 연속적으로 매입하였다. 2009년 4월 NHN은 기업분할을 통하여 광고 영업을 전담하는 자회사 NHN비즈니스플랫폼(현, 네이버비즈니스플랫폼)을 세웠다. 2009년 5월 온라인 기부문화 확산을 위해 (재)해피빈을 설립했다. 이어서 2010년 4월에는 여유자금 운용 및 벤처투자를 전문으로 하는 NHNInvestment를 세워 계열사로 추가했고, 10월에는 NHN문화재단을 세웠다. 2011년 6월 글로벌 메신저 플랫폼인 '라인(Line)'을, 2012년 8월에는 소셜네트워크 서비스 '밴드(Band)'를 출시했다. 2013년 4월 NHN재팬을 '라인 주식회사'로 사명을 변경했다.

한편 2013년 8월 1일 NHN은 한게임 사업 부문을 인적 분할하고, 회사 이름을 네이버(주)로 변경했다. 이때 존속법인은 네이버로 정하고, 한게임은 신설법인으로 하여 회사명을 'NHN엔터테인먼트'로 변경했다. 그리고 존속 및 신설법인은 2013년 8월 29일 유가증권시장(KOSPI)에 각각 변경상장 및 재상장되었다.

지주회사격인 네이버는 네이버비즈니스플랫폼(주), Line Corp., 라인플러스(주), 캠프모바일(주) 등 4개의 주요 종속회사 외에 26개의 자회사를 두고 있다. 네이버는 인터넷 포털서비스에 주력하면서 검색광고, 디스플레이 광고 등 온라인광고 사업을 통해 매출을 창출하고, '라인', '밴드' 등을 통해서는 디지털 아이템(모바일 게임, 스티커 등)의 유료화로 매출을 창출하고 있다. 온라인광고 사업은 네이버 계열회사인 네이버비즈니스플랫폼(주)을 통해 이루어지고, Line 사업은 Line Corp. 및 라인플러스(주)가 운영하고 있다.

인터넷트렌드(www.internettrend.co.kr)의 자료에 따르면 2019년 7월 20일부터 8월 17일까지의 검색포털 점유율이 네이버가 58.8%로 1위, 구글이 33.3%로 2위를 차지하였다. 따라서 네이버와 구글이 국내 검색포털 시장의 92%를 점령하고 있음을 알 수 있다.[79] 네이버는 국내에서만 이용자가 많은 것이 아니라 해외에서도 이용자가 1억 명이 넘는 서비스를 4개씩이나 보유하고 있다. 네이버는 모바일 메신저 '라인', 스마트폰 카메라앱 '스노우'와 'B612', 그리고 사람모양의 3차원 아바타 이미지 앱인 '제페토(Zepeto)' 등의 인터넷서비스가 세계 이용자 1억 명 이상을 보유하고 있다.[80]

성공 요인 1: 자연어 기반 검색서비스와 이용자를 활용한 '지식iN' 도입

네이버가 국내 포털사이트 1위로 올라서게 된 가장 큰 요인으로는 자연어 기반의 검색서비스와 '지식인(iN)'이라 할 수 있다. 국내 검색엔진

---

79) Fight Times, 2019.08.20. 참조.
80) 한국경제 '네이버는 국내용?… 해외 이용자 1억 명 넘는 서비스만 4개', 2020.01.21. 참조.

의 한계였던 데이터베이스의 한계성을 극복할 솔루션이었던 이 서비스에 대해 이해진 대표는 '사람들 개개인의 머릿속에 있는 경험과 노하우를 끄집어낼 수 있는 방안'으로 설명하고 있다. 단순히 인터넷에 있는 정보만 찾아주는 것이 아니라, 이용자들이 능동적이고 자발적으로 자신이 보유하고 있는 지식을 공유할 수 있는 지식인(iN)은 네이버의 이용율 상승 및 네이버 포털 사이트 1위 등극에 지대한 공헌을 하게 되었다.

또한 가능성은 높지만, 수익을 창출할 방안이 막연했던 인터넷 서비스에 새로운 수익모델을 도입한 것도 네이버였다. 초기에 거액의 투자가 필요했던 인터넷 광고 시장에 기존의 정액제 방식 대신에 고객이 광고주 사이트를 방문한 경우에만 광고비를 지출하는 클릭비용(CPC; Cost per Click) 방식의 타겟팅 검색광고 상품을 소개하면서, 네이버는 자신들의 성공을 더욱 다져갈 수 있었다.

성공 요인 2: 이해진의 신사업 발굴과 사업확장에 대한 집념

PC기반의 시장에서 지배적 위치에 오른 네이버였지만, 정보기술(IT) 시장의 큰 변화였던 모바일 열풍에서는 초기 대응이 민첩하지 못하였다. PC기반 서비스에 안주한 네이버의 모바일 전환은 경쟁사에 비해 다소 늦었다. 또한 모바일에 특화된 서비스를 시장에 소개한 것도 비교적 늦었다고 할 수 있다. 좀 더 자세히 설명하자면 NHN 단독 대표와 해외 사업 총괄대표를 거친 후 2008년 회사를 떠난 '한게임' 창업자 김범수 의장이 만든 카카오톡이 국민 메신저로 급상승하면서 자리를 확고히 하였다. 그러나 네이버는 뒤늦게 선보인 모바일 메신저 네이버톡이 시장의 호응을 얻지 못해 실패를 거두며 모바일 시대 초기에는 시장에 제대로 적응하지 못하며 우왕좌왕하는 모습을 보였다.

하지만 앞서 언급한 것처럼 이해진의 네이버는 지속적인 사업확장을 통하여 네이버 비즈니스 플랫폼(주), Line Corp., 네이버랩스(주), 네이버웹툰(주) 등 4개의 주요 관계사를 포함하여 27개의 자회사를 두고 있다. 네이버는 인터넷 포털서비스에 주력하면서 검색광고, 디스플레이 광고 등 온라인광고 사업을 통해 매출을 창출하고, '라인', '밴드' 등을 통해서는 디지털 아이템(모바일 게임, 스티커 등)의 유료화로 매출을 창출하고 있다. 온라인광고 사업은 네이버 계열회사인 네이버 비즈니스 플랫폼(주)을 통해 이루어지고, Line 사업은 Line Corp. 및 라인플러스(주)가 운영하고 있다.

성공 요인 3: 국내시장을 넘어 세계 시장으로의 진출을 집요하게 추진

네이버는 국내를 넘어 세계 시장으로의 진출을 끊임없이 추진했으나 제대로 된 결실을 거두는 데는 실패를 반복해 왔다. 2000년 11월 일본에 네이버재팬을 설립하고 2001년에는 네이버재팬 사이트를 야심차게 오픈했지만 2005년에는 결국 사이트 폐쇄하고 철수할 수밖에 없었다.

네이버재팬은 이후 2007년 11월 다시 설립되고, 2010년 4월에는 블로그 서비스인 라이브도어를 인수하기도 했으나, 해외 시장에서 제대로 된 결실을 보지는 못했다.

네이버가 해외 시장 개척에 고전을 하고 있는 가운데 한국에서는 모바일 시장에 혁명이 일어났다. 김범수의 카카오가 출시한 카카오톡이 큰 성공을 거두면서 견고했던 네이버의 입지가 조금씩 흔들리기 시작한 것이다. 이해진 창업자가 시장변화의 심각성을 주목하며 사내 행사를 통해 "모바일에서 네이버는 아무것도 아니다"며 "네이버는 모바일에서 꼴찌부터 올라가는 싸움을 해야 한다"라고 언급했다. 모바일 시대에 살아남기 위해 이해진 창업자가 주목한 것은 바로 모바일 메신저 서비스였다. 2011년 동일본 대지진 당시 일본인들이 핸드폰으로 가족의 안부를 확인하는 모습을 보고 이해진 창업자는 네이버재팬에 모바일 메신저의 개발지시를 내렸다고 한다. 당시 네이버재팬의 회장으로 도쿄에 머물고 있던 이해진 창업자는 재난 속에서 트위터(twitter), 왓츠앱(whatsapp) 등의 서비스가 유용하게 사용되는 것을 보고, '새로운 스마트폰용 커뮤니케이션 도구'의 필요성을 절감하며 네이버재팬 개발진에게 제품 개발을 지시했다.

이해진 창업자가 개발을 지시한 모바일 메신저는 '라인(Line)'이라는 이름의 서비스로 선을 보였다. 개발지시를 내린 지 한 달 반 만에 출시된 라인은 선풍적인 인기를 끌었고, '한게임'의 일본지부에서 사업영역을 늘리며 네이버재팬으로 개명한 일본지사는 회사명을 라인으로 변경하고 분할 독립하기에 이르렀다. 라인은 출시 1년 만에 가입자 4천만 명, 1년 7개월 만에 1억 명의 가입자를 확보하며, 일본을 포함한 아시아 각국에서 국민 메신저로 현재까지 폭넓게 사랑받고 있다.

이처럼 라인은 그동안 모바일 시대로의 전환 그리고 글로벌 시장 진출에 난항을 겪던 네이버가 글로벌 사업에서 드디어 기록적인 성공을 거둔 사례로 회자되고 있다. 네이버 주식회사, 그리고 라인 주식회사의 대성공 뒤에는 역시 두 기업을 진두지휘한 이해진 창업자가 있었다. 인터넷 시대의 혁신을 이끄는 주역이었던 이해진 창업자는 세월이 지나 다시 찾아온 첨단산업의 중심에서도 혁신을 이룩해내는 저력을 보여주었다. 단순히 그 자신이 건재하고 있음만을 보여준 것이 아니라, 오랫동안 자신에게 숙원으로 남아있던 글로벌 시장에서의 성공이라는 또 하나의 업적도 거두었다고 할 수 있다.

2016년 뉴욕 증권거래소에서 기업공개가 이뤄진 기업들 중 정보기술(IT)분야에서 가장 큰 규모로 기록되고 있는 사례는 '라인코퍼레이션'으로 기록되고 있다. 뉴욕은 물론 도쿄 증권시장에 동시 상장으로 1조 5천억 원을 조달한 라인코퍼레이션은 네이버 주식회사의 자회사로, 본 사례는 한국 정보기술(IT)기업 중에서는 뉴욕과 도쿄 증권시장 동시 상장의 최초 사례이기도 하다. 이처럼 국내는 물론 세계적으로 화제가 됐던 라인코퍼레이션의 상장으로 개인의 자산가치가 급상승한 인물이 있다. 라인주식회사의 주식 557만 2천 주를 보유하고 있으며, 한국의 50대 부호로도 손꼽히는 인물인 '이해진 의장'이 바로 그 주인공이다.

현재 그는 'GIO(Global Investment Officer)'라는 직함과 함께 해외 시장 개척에 힘쓰고 있다. 일본에서 성공한 라인(LINE)을 발판 삼아 핀테크(Fin-tech; 금융기술)와 인공지능(AI), 블록체인 플랫폼 등 신사업 발굴에 집중하고 있다. 특히 라인(Line)의 라인페이는 일본에서 간편결제 서비스 시장을 놓고, 소프트뱅크와 야후재팬이 만든 업체이자 서비스인 페이페이(paypay)와 치열한 경쟁을 벌이고 있다. 이처럼 간편결제 시장에서의 치열한 경쟁에서 생존하기 위하여 다양한 영역의 디앱(분산형 애플리케이션) 서비스를 내놓고 있다. 이들 서비스 가운데는 미래 예측 서비스 '포캐스트', 지식공유 서비스 '위즈볼', 상품 리뷰 플랫폼 '파샤' 등을 현재 운영 중이며 식당 리뷰 플랫폼인 '타파'와 여행지 리뷰 플랫폼인 '스텝' 등의 서비스 개발도 착수하였다.

향후 전망

앞에서 언급한 것처럼 이해진의 네이버는 2001년 4월 네이버 재팬 사이트를 오픈하는 등 일찌감치 일본 시장에 진출했다. 하지만 검색시장에서 시장의 주목을 받지 못해 고전을 면치 못했다. 하지만 결국 모바일에서 성공의 실마리가 풀리기 시작하였다. 2011년 동일본 대지진 이후 모바일 메신저에 대한 수요가 폭증하던 시기에 시장에 소개한 라인 메신저 서비스는 일본시장에서 점유율 1위를 기록했다.

최근 네이버의 창업자 이해진 글로벌 투자책임자와 야후재팬을 소유하고 있는 손정의 소프트뱅크 회장이 두 회사의 경영통합을 추진한다고 발표하였다. 네이버는 소프트뱅크와 라인, 야후 재팬 운영사인 Z홀딩스의 경영을 통합하는 합의서를 2019년 11월 18일 체결한다고 공시했다.[81] 네이버는 라인 주식의 70% 이상을 갖고 있고, Z홀딩스의 대주주는 주식의 40%를 보유하고 있는 소프트뱅크다. 네이버와 소프트뱅크는 각각 50%씩 출자하여 라인을 합작회사로 만들 예정이다. 합작회사는 Z홀딩스의 지배주주가 되고, Z홀딩스는 통합지주회사로서 산하에 라인운영회사 및 일본 기업인 야후재팬 등을 두게 된다.

네이버는 "라인은 핀테크 영역에서 긴밀한 연대를 구축해 캐시리스(無現金, cashless) 시대의 새로운 사용 경험을 제공하고 기술을 바탕으로 한 신규 사업에 진출하며 미래 성장을 위한 시너지를 도모하고자 Z홀딩스와의 경영통합(business integration)을 결정했다"라고 밝혔다. 이어 "통합 결과 Z홀딩스는 메신저 플랫폼인 라인, 포털인 야후재팬, 커머스 플랫폼인 야후쇼핑과 조조, 금융서비스인 재팬넷뱅크 등을 산하에 두며 일본·아시아 최대의 사용자 기반을 확보하게 될 것"이라고 덧붙였다. 야후재팬은 이용자 수가 5천만 명으로 검색 포털 서비스를 바탕으로 스마트폰 결제 서비스와 온라인 상거래 등 사업을 확장해왔다. 라인은 일본 내에서 8천만 명 이상 사용하는 최대 온라인 메신저를 기반으로 결제 서비스 등 사업 영역을 넓혀왔다.

---

81) "이해진·손정의 손잡았다… '라인-야후재팬' 경영통합 합의", 중앙일보, 2019.11.18. 참조.

일반적으로 널리 사용되는 경영학 교과서를 살펴보면 기업 인수합병(M&A)의 목적을 '기존 기업의 내적 성장한계를 극복하고 신규 사업 참여에 소요되는 기간과 투자비용의 절감, 경영상의 노하우, 숙련된 전문인력 및 기업의 대외적 신용확보, 경쟁사 인수를 통한 시장점유율 확대' 등으로 정의하고 있다. 이런 측면에서 이해진과 손정의는 한국과 일본의 정보기술(IT) 거두들의 연합을 합병의 정석으로 평가하고 있다. 이들은 서로의 강점을 섞어 약점을 보완하고 그 시너지로 뉴 프런티어를 개척하여 새로운 시장을 창출하려는 노력으로 볼 수 있다.[82]

더구나 네이버의 라인은 일본뿐 아니라 동남아 지역 모바일 플랫폼의 절대 강자로 등극하였다. 야후재팬은 일본의 최강 검색포털이고 최대 e-커머스 플랫폼이다. 또한 손정의 회장은 동남아 지역의 여러 모바일 기업에 투자했다. 따라서 라인과 야후재팬의 결합은 두 기업이 약점을 보완해 그 시너지로 인공지능(AI) 등 새로운 비즈니스를 개척하기 위한 포석인 셈이다. 한 투자은행(IB)업계 관계자는 "두 기업의 결합으로 새로운 비즈니스에 드는 시간을 대폭 단축할 수 있을 뿐 아니라 구글, 페이스북 등 글로벌 플랫폼에 대응할 수 있는 조건을 만들었다"고 평가했다.

글로벌 기업인으로 도약하고 있는 이해진 GIO는 2019년 6월 한국사회학회·경영학회 공동 심포지엄에 참석해 구글, 아마존, 텐센트, 알리바바 등 미국과 중국의 거대 플랫폼 기업들과의 싸움에서 "혼자 싸우는 게 아니라 연합군이 필요한 시기"라고 강조했는데 그 연합군의 일원으로 손정의 회장과 손을 잡은 것이라고 판단할 수 있다. 최근 공유오피

---

[82] "이해진·손정의 동맹은 기업합병의 정석", 매일경제, 2019.11.18. 참조.

스 회사인 위워크(WeWork)의 증권시장 상장 실패 등 투자한 기업들의 부진으로 예전만 못하다는 평가가 제기되고 있는 손정의 회장이 이해진과 손잡으면서 성공이 확실한 안전한 투자를 했다는 평가도 받고 있다. 결과적으로 라인과 야후재팬의 시너지는 일본 최고의 데이터를 확보하게 되는 것이라고 업계에서는 평가하고 있다.

참고 문헌

- 전성민, "모바일 게임 플랫폼 변화의 기회와 위협-NHN", 「Asan Entrepreneurship Review」, 2018.
- 전기석, 「4차 산업혁명시대의 스마트 창업경영」, 지필미디어, 2019.
- 전기석, 「현대 창업경영론」, 명경사, 2017.
- "이해진·손정의 동맹은 기업합병의 정석", 매일경제, 2019.11.18.
- "이해진·손정의 손 잡았다… '라인-야후재팬' 경영통합 합의", 중앙일보, 2019.11.18.

8

Entrepreneurship

카카오, 김범수

파괴적 혁신 기업가 및 기업가정신

Chapter 8. 카카오, 김범수[83]

타고난 승부사 김범수의 성과[84]

　모바일 기업의 대명사인 카카오의 대표 서비스인 카카오톡은 스마트폰을 가지고 있는 한국인 대부분이 사용하고 있다. 2018년 5월 앱분석업체 와이즈앱에 따르면, 모바일 메신저 중 카카오톡의 점유율은 무려 94.4%에 달한다. 2019년 2분기 카카오톡의 국내 월간 이용자 수는 4,400만 명, 글로벌 기준으로는 5,000만 명을 넘어섰다. 카카오페이의 누적 가입자 수도 2,800만 명 수준에 이른다. 수치만 살펴봐도 서비스를 시작한 지 이제 겨우 10주년을 넘긴 카카오의 무서운 성장세를 체감할 수 있다.

　카카오는 정보통신(IT)기업 최초로 자산총액 10조 원을 넘기며 대기업 반열에 들어섰다. 2019년 5월 공정거래위원회는 카카오를 상호출자제한 기업집단으로 지정했다. 동일 기업집단 내 금융사 의결권이 제한

---

83) 전기석 | 연세대학교 정경대학 교수, jks5473@yonsei.ac.kr
84) 이윤서, "카카오를 국민기업으로 성장시킨 김범수 의장", 한미블로그 2019.08.26. 내용 인용.

되고 공정거래위원회, 금융위원회, 금융감독원 등의 관련 규제를 받게 되면서 대기업의 숙명인 '규제'라는 불편함이 생겼지만, 이는 그만큼 카카오가 성장했다는 의미로도 볼 수 있다. 포털업계 1위인 네이버보다 빨리 지정됐으며 국내 대기업집단 34개에 속하게 됐다.

카카오의 성장을 견인한 대규모 인수합병

카카오가 대기업 집단으로 성장하는 과정에서 주목을 받을 만한 대규모 인수합병이 두 차례 진행됐다. 2014년 다음커뮤니케이션과의 합병이 그 첫 번째다. 카카오가 국내 포털 이인자인 다음과 합병한 후, 1년 만에 '다음카카오'에서 '카카오'로 사명을 변경했다. '모바일 플랫폼' 이미지를 더욱 명확히 하고, 모바일 시대의 주역으로 나아가겠다는 의미가 담긴 것으로 전해진다.

두 번째 인수합병은 2016년에 진행된 음악 콘텐츠 기업인 로엔엔터테인먼트의 인수다. 카카오는 로엔엔터테인먼트를 1조 8,700억 원에 인수했다. 당시 카카오의 2015년 연매출은 9,400억 원이 약간 넘는 정도로 '무리수를 뒀다'는 우려가 컸다. 하지만 인공지능(AI) 시대가 열리면서 음악 콘텐츠는 중요한 자산이 됐다. 로엔엔터테인먼트가 제공하던 '멜론'은 카카오의 유료 음원서비스가 되었고, 이를 통해 멜론과 카카오톡은 상호 간에 강력한 시너지를 얻으며 서로의 부족한 부분을 채워나갔다.

카카오의 자산규모 증가 추세

앞으로 상당한 기간 동안 카카오의 자산총액은 계속 증가할 전망이다. 이번 대기업집단 범위에 카카오뱅크가 제외됐기 때문이다. 특히 금융위원회는 2019년 7월에 '카카오의 한국카카오은행 주식보유 한도 초과보유 승인건'을 최종 의결했다. 이로써 카카오가 2015년 인터넷전문은행 예비 인가 이후 4년 만에 카카오뱅크 주식 34%를 보유하게 되며 카카오뱅크의 최대주주의 자리에 올랐다. 타고난 승부사 기질로 유명한 김범수 의장은 여기서 멈추지 않고 제4차 산업혁명 시대를 대비하며 인공지능 기술을 구축하는 데 힘을 싣고 있는 것으로 알려졌다. 또한, 그는 2018년 4월 사회 공헌재단 카카오임팩트를 설립했다. 플랫폼을 만들어 사회문제의 근본적인 원인을 찾고, 다양한 해결 방법을 찾자는 취지다.

카카오는 2010년 3월 카카오톡 출시 후 〈그림 28〉에서 보여주는 것처럼 빠른 속도로 가입자를 증가시켰으며, 현재는 전 국민의 사랑을 받는 국민메신저로 자리 잡았다.

<그림 28> 카카오톡 출시 후 초기 가입자 증가 추이

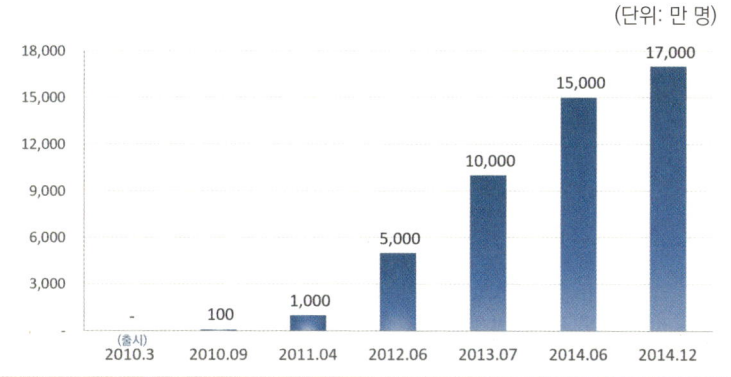

* 자료: Bloomberg Database

    <그림 29>에서는 카카오의 주가 추이를 보여주고 있다. 카카오의 주가는 등락을 보이면서도 상승추세를 유지하고 있다. 카카오의 주가는 부침이 있기는 하지만 고공행진을 지속하는 모습을 보여 카카오의 인기를 여실히 나타내고 있다.

<그림 29> 카카오 주가 추이

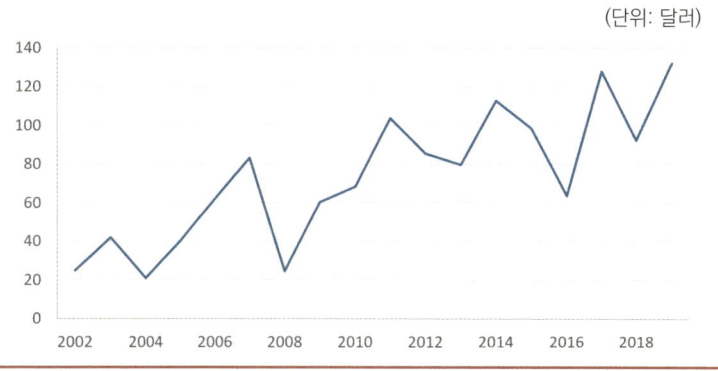

* 자료: Bloomberg Database

〈그림 30〉에서는 카카오와 비교할 적수를 한국 내에서 찾지 못하여 네이버가 일본에서 창업하여 성공적으로 안착시킨 라인(Line)의 주가를 제시하였다. 일본 라인의 주가는 40달러 주위를 크게 벗어나지 않는 행진을 보여주다가 소프트뱅크와의 영업통합 발표로 2019년 상승세를 보여주고 있다.

〈그림 30〉 일본 라인 주가 추이

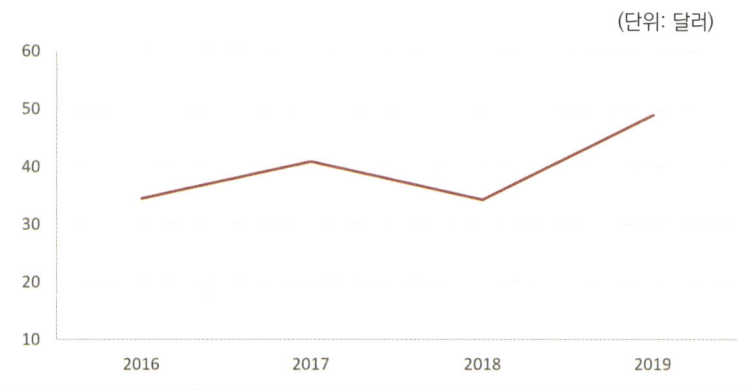

* 자료: Bloomberg Database

〈그림 31〉은 카카오의 시가총액 추이를 보여주고 있다. 2013년부터 꾸준한 상승 추세를 지속하고 있으며, 2019년 12월 말 현재 카카오의 시가총액은 114억 달러를 기록하고 있다.

〈그림 31〉 카카오 시가총액 추이

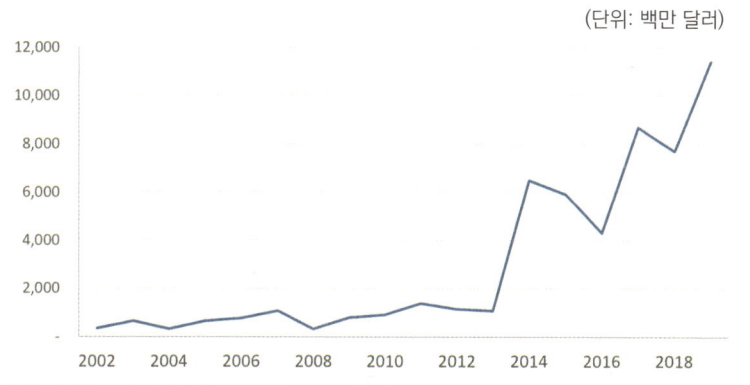

* 자료: Bloomberg Database

〈그림 32〉는 일본 라인의 시가총액 추이를 보여주고 있다. 일본 라인의 시가총액은 설립 이후 80억 달러 전후를 유지하였으나, 소프트뱅크와의 영업통합 합의 소식에 최근 상승세를 보이며 2019년 12월 말 117.8억 달러를 기록하였다.

〈그림 32〉 일본 라인 시가총액

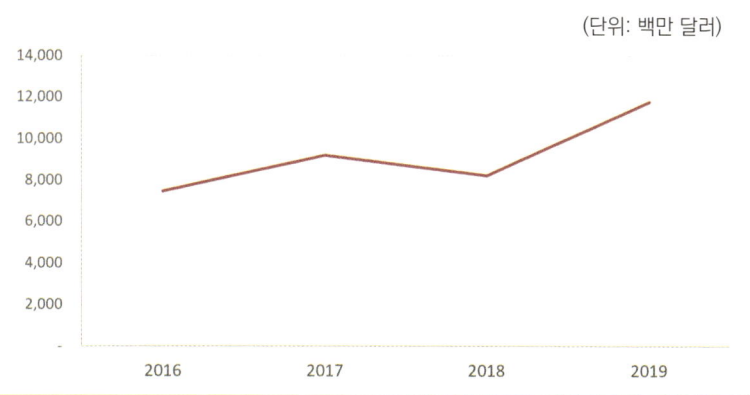

* 자료: Bloomberg Database

〈그림 33〉은 카카오와 일본 라인의 성장성을 비교하기 위해 매출 증가율을 사용하여 비교하고 있다. 카카오는 2014년도에 빠르게 성장하였으며 이후 성장세가 조금씩 둔화하고 있지만, 꾸준히 성장하고 있다. 일본 라인은 한국에서는 카카오에 밀려 두각을 나타내지 못하지만, 일본과 동남아 유럽 등에서 가입자가 증가하고 있으며 특히 2014년도에 크게 성장을 한 후 꾸준히 성장하여 최근에는 카카오와 비슷한 성장세를 보여주고 있다.

〈그림 33〉 카카오 & 라인 성장성 비교 - 매출액증가율 추이

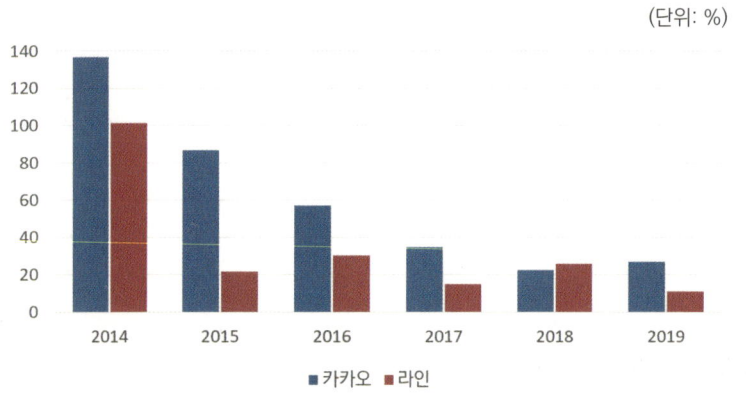

* 자료: NICE평가정보, Bloomberg Database

〈그림 34〉는 카카오와 라인의 영업이익률 추이를 보여주고 있다. 카카오는 2014년에 1,764억 원, 2017년에 1,654억 원의 영업이익을 시현하는 등 꾸준히 영업이익을 보여주고 있다. 일본 라인은 2011년 설립한 후 2013년까지 영업적자를 기록한 후 2014년과 2015년에 소폭의 흑자를 보였다. 2019년에 와서 카카오와 라인 모두 큰 폭의 당기 순손실을 시현하였다.

〈그림 34〉 카카오 & 라인 수익성 비교 – 영업이익률 추이

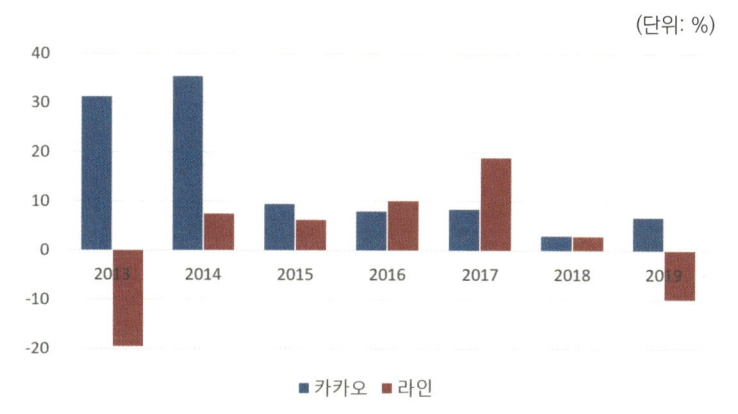

* 자료: NICE평가정보, Bloomberg Database

〈그림 35〉는 카카오와 라인의 안정성을 비교하기 위해 부채비율(총부채/총자본) 추이를 살펴보았다. 카카오의 부채비율은 2016년에 크게 증가하여 50% 내외의 수준을 보이고 있다. 반면 라인은 2014년과 2015년에 해외진출에 따른 초기 투자로 인해 매우 높은 부채비율을 보이고 있으며, 2016년과 2017년에 다소 개선되었으나 최근 들어 부채비율이 다시 오르고 있다.

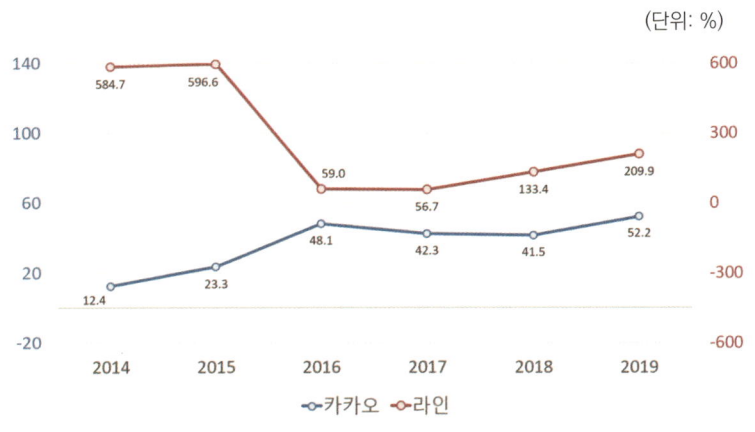

* 자료: NICE평가정보, Bloomberg Database

다음의 〈표 11〉과 〈표 12〉는 한국과 일본에서 메신저 업계에서 두각을 나타내고 있는 카카오와 일본 라인의 주요 경영지표를 보여주고 있다. 카카오는 한국에서 타의 추종을 불허하는 압도적인 우위를 차지하고 있으며, 일본 라인도 일본에서 우위를 구축한 후 동남아에서 인기몰이를 하고 유럽에서도 호평을 받고 있다. 2014년에서 2019년까지 매출액증가율의 평균은 카카오가 60.8%인 데 반해, 일본 라인이 34.2%로서 카카오보다 낮다. 동기간 영업이익률의 평균도 카카오가 11.8%인 데 반해 라인은 5.9%로 카카오가 훨씬 우수하며, 당기 순이익률의 평균은 카카오 6.5%, 라인 –2.4%로서 카카오가 수익성 면에서 우위에 있다고 할 수 있다.

〈표 11〉 카카오 실적 추이

(단위: 억 원, %)

연도	매출액	영업이익	순이익	매출액 증가율	영업이익률	당기순이익률
2008	2,600	406	449	-	15.6	17.3
2009	2,445	443	324	-6.0	18.1	13.3
2010	3,504	926	1,224	43.3	26.4	34.9
2011	4,213	1,168	1,080	20.2	27.7	25.6
2012	462	70	53	-89.0	15.1	11.4
2013	2,108	659	614	356.4	31.2	29.1
2014	4,989	1,764	1,498	136.7	35.4	30.0
2015	9,322	886	788	86.9	9.5	8.4
2016	14,642	1,161	655	57.1	7.9	4.5
2017	19,723	1,654	1,251	34.7	8.4	6.3
2018	24,170	729	159	22.5	3.0	0.7
2019	30,701	2,068	-3,419	27.0	6.7	-11.1
평균	9,907	995	390	62.7	17.1	14.2

* 주: IFRS 연결재무제표 기준
* 자료: NICE평가정보

〈표 12〉 라인 실적 추이

(단위: 백만 달러, %)

연도	매출액	영업이익	순이익	매출액 증가율	영업이익률	당기순이익률
2014	817.9	60.8	39.8	101.4	7.4	4.9
2015	995.0	61.9	-62.7	21.7	6.2	-6.3
2016	1,297.3	130.9	62.4	30.4	10.1	4.8
2017	1,490.8	281.0	72.0	14.9	18.8	4.8
2018	1,876.8	54.4	-33.7	25.9	2.9	-1.8
2019	2,086.9	-206.3	-430.1	11.2	-9.9	-20.6
평균	1,427.5	63.8	-58.7	34.2	5.9	-2.4

* 자료: Bloomberg Database

카카오 창업주 김범수의 성장과정[85]

김범수 카카오 이사회 의장은 1966년 3월 서울의 한 가정에서 2남 3녀 중 맏아들로 태어났다. 현재는 네이버와 더불어 양대 정보통신(IT) 기업의 창업자로서 거부의 반열에 올랐지만, 유년기 때는 집안 사정이 그리 넉넉지 않았던 것으로 전해지고 있다. 할머니를 포함해 여덟 식구가 단칸방에 살 정도였다고 한다. 어렵던 시절을 지나 김범수 의장은 1986년 재수 끝에 서울대학교 산업공학과에 진학했다. 닷컴버블 시절 벤처 신화를 일군 창업자들이 다 그러했듯이 김범수 의장도 컴퓨터와 인터넷이라는 새로운 세상에 눈을 떴다. 서울대학교 학창 시절, 후배 하숙집에서 접한 PC통신에 매력을 느껴 빠져 살았다고 전해지고 있다. 서울대 산업공학과를 졸업하고, 1992년 서울대학교 대학원에서 산업공학 석사를 취득했다. 대학원 졸업과 함께 컴퓨터를 마음껏 사용할 수 있는 삼성SDS 공채에 합격하면서 사회생활의 첫걸음을 시작하였다.

삼성의 사내벤처로 창업

네이버의 이해진 대표와 대학 동기이자 입사 동기인 김범수는 1994년 유니텔 개발에 참여하였다. 유니텔 개발 당시 김범수는 기획과 설계, 기술개발은 물론 유통까지, 유니텔의 모든 것에 참여했다. 기존 명령어를 입력

---

[85] 위정현, 정재훈, "From messenger to mobility-카카오모빌리티", 「아산기업가정신리뷰」, 2018.12.06. 참조.

해 PC통신을 하던 방식에서 마우스를 클릭하는 방식으로 바꾸는 데 큰 역할을 했다고 알려졌다. 유니텔은 1996년 1월 시중에 소개된 이후 김범수의 삼성SDS 퇴사 해인 1998년에 천리안에 이어 PC 통신 2위의 자리를 차지했다. 유니텔을 성공시킨 김범수는 1997년 유니텔의 퀴즈 이벤트에 7만 명이 참가했던 것과 자신이 대학 시절에 빠져있던 다양한 게임들을 기반으로 사업구상을 마친 후 삼성SDS에 사표를 던지고 창업에 나섰다.

김범수, PC방 사업으로 창업초기 성공 후 씨앗자금 마련

게임을 차세대 주력 사업으로 삼았던 김범수 의장은 바둑, 장기, 고스톱 등의 보드게임 서비스로 창업을 시작했다. 하지만 게임 시장에서의 초기의 성과는 그리 신통치 않았다. 포털사이트 네띠앙 게임에서도 김범수 의장이 창업한 기업의 게임을 서비스했지만, 괄목할 성과를 거두지 못했다. 사업을 진행하면서 자금난에 빠진 김범수 의장은 어려운 상황을 타개하기 위해서 이제까지와는 다른 사업 모델을 도입하였다. 그것이 바로 PC방 사업이었다. 그것도 PC방을 대상으로 한 사업 모델이 아니라 그 자신이 PC방의 점주가 되는 사업을 시도한 것이다. 당시로는 2억 4천만 원이라는 거금으로 한양대학교 앞에 국내 최대 규모의 PC방을 차렸고 성공을 거두어 씨앗자금(seed money)을 마련하였다.

'한게임'을 설립하여 PC방 관리 프로그램 무료 제공

여기에서 김범수 의장은 자신의 기존 사업과 PC방 사업을 연계할 수 있는 새로운 방안을 모색하기 시작했다. 즉, PC방 관리 프로그램을 만들고, 다른 PC방에 그 프로그램을 팔기 시작한 것이다. 1999년 12월 '한게임'을 설립하여 PC방 관리 프로그램을 타 PC방에 무료로 제공하며, 한게임을 PC방 컴퓨터의 초기화면으로 설정하는 조건을 내걸었다. 이익을 내는 기존의 수익을 포기하고, 그 대신 이를 마케팅 수단으로 활용하는 방법은 당시로는 파격적이었다. 온라인 게임 성장기의 시대를 지난 지금이야 PC방을 마케팅의 수단으로 삼는 방법은 일반적인 것으로 여겨지지만, 당시만 하더라도 이런 식의 발상 전환은 누구도 시도하지 못했으며 또 요건이 갖춰지더라도 쉽사리 실행할 수 없는 방법이라고 할 수 있다.

한게임과 네이버의 합병: NHN 탄생

김범수는 창업한 지 3개월 만에 백만 명, 1년 6개월 만에 천만 명의 회원을 유치했다. 하지만 회원은 기하급수적으로 늘어나는데 무료로 운영되는 게임 탓에 기대만큼의 수익을 얻지 못했다. 늘어나는 회원 수를 효과적으로 소화해 내기 위해 김범수 의장은 다시금 과감한 선택을 하게 되었다. 당시 포털서비스로 대규모의 투자를 유치한 '네이버'와 합병을 결정한 것이다. 한게임에서 충족시킬 수 없었던 기술력을 당시 네이버는 갖고 있었으며 삼성SDS 동기이자 대학교 시절부터 친하게 지낸 당시 이해진 대표와 협의한 결과였다. 2000년 한게임과 네이버는 합병 후 NHN(Next Humane Network)으로 다시 태어났다. NHN 내에서도 한게임은 2001년 3월 게임 유료화를 통해 초창기 수익 창출에 커다란 기여를 하고, 지금의 네이버의 초석을 다지게 되었다. 네이버와의 합병 이후 김범수는 5년 가까이 NHN의 공동대표를 맡아 회사를 이끌어 갔다.

NHN 결별: 미국 체류 동안 모바일 시대 도래 감지

하지만 2007년 초 김범수는 돌연 NHN USA 대표로 발령이 났고, 이후 8개월 만에 경영상의 의견 차이로 NHN을 떠났다. 김범수는 NHN을 떠난 이후 그는 가족이 있던 미국에서 지냈다. 미국에서 본의 아니게 휴가를 보내게 된 김범수는 이 기간에 휴식을 취하는 동안 애플의 '아이폰'을 보며 웹기반 서비스는 저물고, 모바일 시대가 도래할 것이라고 예상했다. 어쩌면 이 기간이 김범수에게는 전화위복의 귀중한 시간이 된 셈이다. 모바일 서비스 중심으로 방향을 선회한 김범수는 2009년 2월 스마트폰 위젯 개발사 '바이콘'을 인수하고 모바일 서비스 개발자를 모집하며, 모바일용 앱 시장에 집중했다. 카카오라는 브랜드를 단 서비스들이 연이어 선보인 것은 이듬해인 2010년부터였다.

김범수, 카카오톡으로 대박 터뜨림

소셜 네트워크 서비스인 '카카오아지트'를 2010년 2월 선보인 것을 시작으로, 그해 3월 카카오톡을 출시했는데, 1년 만에 다운로드 수가 무려 천만 건을 넘어서면서 소위 말하는 '대박'을 터뜨렸다. 회사 이름도 '아이위랩'에서 '카카오'로 변경했다.

하지만 카카오톡이 그때까지 모바일에서는 없던 새로운 서비스였던 것은 아니었다. 전 세계적으로 인기를 끌던 왓츠앱(WhatsApp)이 당시에 이미 서비스되고 있었으며, 우리나라에서도 많은 사용자를 확보한 상태였다. 하지만 왓츠앱이 유료였던 데 반해, 카카오톡은 무료로 서비스가 제공된다는 강점을 가지고 있었다. '무료 문자 메시지 서비스'로 포장된 카카오톡은 무서운 속도로 이용자를 늘려서, 우리나라 제1의 메신저 서비스로 자리를 잡게 되었다. 카카오의 성공에 자극받아 기존의 PC 기반 메신저 서비스들도 뒤따라 모바일용 앱을 내놓았지만, 그 누구도 국내 시장에서 카카오톡의 아성을 넘지 못했다.

성공 요인 1: 수익 창출 모델 발굴

비록 카카오는 스마트폰 필수 앱이자 국민 메신저로서 빠르게 자리를 잡았지만, '수익 모델'의 발굴이라는 어려움에 봉착했다. 이용자는 많으나 그 이용자로부터 어떻게 수익을 올릴 것인지가 카카오의 숙제가 되었고, 실제로 카카오는 상당한 기간을 뾰족한 수익모델 없이 운영됐다. 먼저 이용자를 확보한 후, 시장에서 지배적 위치에 있을 때 과금(課金) 모델을 적용해 수익을 창출하는 방식은 김범수 의장의 기존 사업들에서 몇 번 반복되어 온 사례였다. 카카오톡 또한 이와 같은 방식을 취했는데, 카카오 수익모델에 대한 우려가 절정에 달했을 때 '게임'을 통한 수익모델을 발표한 것이다. 김범수 의장은 카카오톡이 그저 메신저 서비스로 남는 데 안주하지 않고 메신저를 뛰어넘는 플랫폼으로 성장시키는 데 주력했다. 이때 나온 서비스가 플러스친구, 카카오링크, 카카오페이지, 카카오게임 등이다. 처음에는 카카오게임을 출시할 때 메신저가 플랫폼으로 성장할 수 있느냐는 우려 탓에 많은 업체에서 소극적인 반응을 보였던 것도 사실이다.

역시 어렵사리 게임 서비스를 시작했으나 사용자들의 반응이 바로 오지 않았다. 그런데 약 2주가 지나니 '애니팡(Ani Pang)', '드래곤 플라이트(Dragon Flight)', '아이러브커피(I Love Coffee)', '쿠키런(Cookie Run)' 등에서 폭발적인 반응이 이어졌고, '국민 게임'으로까지 불리는 수준에 이르렀다. 특히 애니팡은 2012년 출시 75일 만에 다운로드 수 2천만을 기록하며 카카오게임 서비스의 폭발적 성공에 불을 지폈다. 카카오톡은 성공적인 카카오게임 서비스를 통해 하나의 플랫폼으로 성장했다. 카카오톡 안에 있는 '게임하기 페이지'와 '더보기' 등에 카카오게임이 노출돼 사용량이 늘어났으며 '초대하기'와 '자랑하기' 등 카카오톡 친구들을 연계한 소셜 요소가 사용자들을 늘리는 데 큰 도움이 되었다. 한때에는 구글 플레이스토어 최고 매출 Top 10의 대부분이 카카오 게임으로 채워질 정도로 수익성도 검증됐다.

성공 요인 2: 모바일 시대로 변화하리라는 예상 적중

앞서 언급한 것처럼 자의 반 타의 반으로 김범수 의장은 NHN을 떠난 이후 가족이 있던 미국에서 지냈다. 이 기간은 그에게 인생의 전환기를 맞게 해준 '아이폰'을 접하게 하였으며, 이때 그는 가까운 미래에 웹기반 서비스는 저물고, 모바일 시대가 도래할 것이라고 예상했다. 모바일 서비스 중심으로 방향을 선회한 김범수 의장은 2009년 2월 스마트폰 위젯 개발사 '바이콘'을 인수하고 모바일 서비스 개발자를 모집하며, 모바일용 앱 시장에 집중했다. 카카오라는 브랜드를 단 서비스들이 연이어 선보인 것은 이듬해인 2010년부터였다. 소셜 네트워크 서비스인 '카카오아지트'를 2010년 2월 선보인 것을 시작으로, 그해 3월 카카오톡을 출시했는데, 1년 만에 다운로드 수가 무려 천만 건을 넘어서면서 소위 말하는 '대박'을 터뜨린다. 이에 힘입어 회사 이름도 '아이위랩'에서 '카카오'로 변경까지 하게 되었다.

성공 요인 3: M&A를 통한 사업확장

카카오의 역사를 살펴보면 김범수 의장은 M&A를 통해 끊임없이 사업영역을 확장하였다. 이러한 방식은 구글과 같은 인터넷 기업들의 전형적인 성장모형을 벤치마킹한 것이라 할 수 있다. 카카오가 인수한 주요 회사에는 써니로프트가 있는데, 써니로프트의 대표적인 서비스로는 '에피소드(Episode)'로서 이는 사용자의 특성에 따라 소규모 채팅 커뮤니티를 구성할 수 있고, 사진 및 일정, 지도 등의 데이터를 채팅 창에서 쉽게 공유할 수 있는 기술을 기반으로 한 서비스였다. 써니로프트는 온라인 커플 매칭 서비스인 '데모데이(Demo day)'도 운영했었다. 이는 자신의 특성과 선호하는 이상형을 설정하면 거기에 맞는 사람들을 선별해 소개하는 서비스로, 특정 영역에 대한 정보를 선별해 제공하는 기술을 보유하고 있었다.

카카오가 인수한 기업에는 씽크리얼즈도 있었다. 씽크리얼즈는 지역 기반 통합 쿠폰 제공 서비스인 '쿠폰모아'를 제공하는 기업이었다. 쿠폰모아는 위치 기반으로 주변 상점에서 활용할 수 있는 쿠폰들을 연계해 제공하는 서비스였다.

이밖에도 카카오는 본사 직원들과 피인수 기업 출신의 인력들로 구성된 '탐구생활 TF팀'을 설립하였다. 어떻게 하면 사용자들의 실생활을 분석할 수 있을까 고민하던 TF팀은 우연히 통계청에서 발간한 '국민 생활시간 조사' 자료를 접하게 되었다. 해당 자료에서는 일반 국민들이 구체적으로 하루를 어떻게 소비하고 있는지가 나타나 있었다. 그중 성인 전 연령, 전 계층에 걸쳐 공통으로 '이동'이라는 시간을 소비하고 있었고, 탐구생활 TF팀은 이동이라는 맥락에서 서비스를 개발하기에 이르렀다.

'탐구생활 TF팀'은 이동이라는 맥락에서 교통수단을 크게 승용차, 택시, 버스, 지하철로 정리하고, 분야별로 기존에 제공되고 있는 서비스가 있는지, 없는지 구분하여 시장을 분석해나갔다. 그 후 이러한 서비스 중 성공적으로 운영되고 있는 서비스들을 인수해 그들이 구축한 기술적 노하우를 카카오 내부로 흡수하고, 이를 연계하여 신규 서비스 개발에 활용할 수 있는 자원을 마련하고자 했다.

이러한 의사결정하에 카카오는 추가로 2014년 9월 '서울버스' 서비스를, 2015년 1월 '지하철 내비게이션' 서비스를 인수하고, 2015년 5월에는 '김기사(국내 2위 내비게이션 앱)' 서비스를 제공하던 록앤올을 인수한다. 그리고 각각의 서비스를 카카오 플랫폼에 탑재해 '카카오버스', '카카오지하철', '카카오내비'등으로 재출시하였다.

그러던 중 이동 관련 서비스를 개발하는 데 있어서 공통으로 지도 데이터가 핵심적인 역할을 한다는 사실을 깨닫고 지도 데이터를 확보할 필요성을 느낀다. 기존 기업들은 주로 '구글'이나 '다음', '네이버'에서 제공하는 공개데이터를 활용했다. 그러나 공개 데이터는 편집하거나 지속해서 활용하기에 한계가 있었다. 이에 카카오는 지도 데이터를 확보하기로 하였다. 그러나 법적·제도적 제한으로 인해 직접 개발이 어렵게 되자 관련 데이터를 보유한 기업을 인수하기로 하였다. 지도가 O2O(Online to Offline) 서비스의 핵심 자원이라고 생각한 카카오는 관련 데이터를 보유한 기업들을 탐색하게 된다. 그중에 '다음'의 지도 데이터가 가장 정확하고 다양한 정보를 구축하였다고 판단한 카카오는 '다음'을 인수하기로 하여 실행에 옮겼다.

〈표 13〉 카카오 교통서비스 인수내역

(단위: 백만 달러, %)

콘텐츠	기존 명칭	인수 후 명칭	인수시기
지도/길찾기	다음지도	카카오맵	2009.01
택시		카카오택시	2015.03
		카카오택시블랙	2015.11
운전/네비게이션	김기사	카카오내비	2015.05
대리운전		카카오드라이버	2016년 상반기
버스	서울버스	카카오버스	2014.09
전철	지하철 내비게이션	카카오지하철	2015.09
주차장	파크히어	미정	2016.02

* 자료: 네이버 지식인 참조

성공 요인 4: M&A의 시너지 효과 극대화

'다음'과의 합병을 통해 지도 자원을 자유롭게 활용할 수 있게 되고, 서울버스와 지하철 내비게이션 등 기존의 이동분야 서비스들을 인수한 카카오는 이제 신규 서비스 개발이라는 과제를 안게 되었다. 카카오 탐구생활 TF팀은 버스, 지하철 외에 기존 시장에서 적절히 활용되지 않고 있거나 아직 개발되지 않은 서비스를 탐색하였다. 그 과정에서 택시와 대리운전에 관한 모바일 서비스가 아직 없다고 판단한 탐구생활 TF팀은 카카오톡 플러스친구와 카카오톡 게임하기 서비스 기획 담당자들, 그리고 다음 지도와 다음 카페 서비스 개발 및 사업 기획 담당자들을 추가로 투입하여 택시, 대리운전 서비스 개발에 착수하였다.

크게 3개의 피인수 기업(로티플, 써니로프트, 씽크리얼즈) 멤버들로 구성되었던 탐구생활 TF팀은 카카오톡 플러스친구와 카카오톡 게임하기를 담당하던 직원 2명과 굿닥, 다음에서 활동하던 인력들을 추가로 참여시킴으로써 탐구생활 TF 1기를 구축하고 본격적으로 카카오택시 서비스 개발에 돌입한다. 이동이라는 맥락의 O2O 서비스를 개발한다는 전략적 방향성 아래 카카오는 택시 사업에 진출하기에 앞서 택시업계의 현황을 파악하고자 사전 현장 조사에 들어갔다. 소비자 측면만이 아니라 업계종사자 측면까지 고려해 서비스를 기획할 필요가 있다고 느꼈기 때문이다.

카카오의 탐구생활 TF 멤버들은 전국으로 흩어져 택시에 관해 조사하기로 하고 지역별 택시 서비스의 차이점과 문제점을 파악하였다. 이들은 각각 경상도권, 전라도권, 강원도권 일대를 돌면서 지역별로 택시기사들과 인터뷰를 진행한다. 이들은 택시 운전사들이 콜택시 전용 무전기 및 내비게이션 등을 사용하면서 사용 대가로 시중보다 비싼 가격에 기기를 사거나 월 이용료를 납부하는 것을 발견했다. 이로 인해 콜택시 수익의 상당 부분이 중개업체로 넘어갔고, 실질적인 종사자인 택시 기사들의 편익은 줄어드는 문제가 있다는 것을 알아냈다. 시장조사를 마친 카카오 탐구생활 TF팀은 이런 문제들을 개선하기 위한 방안으로 별도의 비용 지급 없이 가지고 있는 휴대폰으로 카카오택시 서비스를 이용할 수 있게 해야 한다고 생각하게 되었다.

이처럼 카카오의 탐구생활 TF 멤버들은 카카오가 택시업계 종사자 입장에서 경제적 효용을 증가시키려 한다고 말하면서 서비스 개발과정에 참여해 줄 것을 제안하였다. 종사자 친화적 서비스를 설계하는 데 대해 그들도 차츰 동의하면서 참여하는 택시조합이 차츰 늘어났다. 택시조합들의 협조하에 카카오택시 서비스 시제품들을 택시 기사들에게 보여주며 그들의 선호도를 파악했고, 이 과정에서 개발자들이 놓친 부분들을 파악할 수 있었다. 택시 기사들의 의견은, 사소하게는 글자 크기나 화면 디자인 등 사용자 관점에서 필요하다고 생각되면 개발 과정에 반영되었다. 디자인 측면 외에도 그동안 스타트업들을 인수해 확보한 위치 기반 기술과 매칭 기술, 지도 데이터 등을 적극적으로 활용하였다.

이러한 개발 과정을 거쳐 2015년 3월, 마침내 카카오택시 서비스가 출시되었다. 2016년 카카오에서 조사한 바에 의하면 카카오택시 출시 15개월 후인 2016년 9월, 카카오택시의 총 누적 호출 수는 2억 건을 돌파했다. 그리고 전국에 있는 25만여 명의 택시 기사 중 24만 명이 카카오택시 서비스에 가입하게 되었다. 이 중 택시기사 1만 5천 명의 소득 변화를 추적한 결과 카카오택시 사업시작 이후 연평균 소득이 약 13.4% 증가했고, 전체 소득 증가액은 약 7천5백억 원에 달하는 것으로 조사되었다.

카카오택시 서비스의 성공은 최근 '타다'의 사업실패와 대비되고 있다. 카카오택시는 택시기사들과 협력하며 그들의 소득을 올려주는 상생(win-win)전략을 추구하여 안착을 하였으나, '타다'는 서비스 향상과 고객들의 전폭적인 호응을 얻었음에도 불구하고 영세한 택시기사들의 시장을 빼앗는다는 인식을 해소시키지 못해 택시업계와 정부당국의 지지를 못해 사업을 접게 되었다고 할 수 있다.

성공 요인 5: 선(先) 이용자 확보, 후(後) 수익모델 적용

카카오는 창립 초기 상당한 기간을 이렇다 할 수익모델 없이 운영되었다. 먼저 이용자를 확보한 후, 시장에서 지배적 위치에 있을 때 과금(課金) 모델을 적용해 수익을 창출하는 방식은 김범수 의장의 기존 사업들에서 몇 번 반복되어 온 사례였다. 카카오톡 또한 이와 같은 방식을 취했는데, 카카오 수익모델에 대한 우려가 절정에 달했을 때 '게임'을 통한 수익 모델을 발표한 것이었다.

카카오톡의 향후 과제

비록 카카오가 카카오톡 메신저를 기반으로 한 '플랫폼'사업자를 표방하지만, 매출의 대부분이 '게임'에서 나오고 있다는 점도 한계로 지적되고 있다. '게임하기'를 출시해 '애니팡', '드래곤플라이트' 등 모바일게임에서 성공을 거둔 카카오는 게임 외에는 눈에 띄는 유료 사업모델이 없다고 할 수 있다. 유료 콘텐츠를 제공하는 '카카오페이지'는 이용자 유입이 저조한 편이다. 사진 기반 소셜네트워크서비스(SNS)인 '카카오스토리'는 세계 이용자가 수천만 명에 달하지만, 수익모델로 연결되지 못하고 있다. '왓츠앱' 등 글로벌 메신저 서비스가 본연의 기능에 충실한 것과 달리 메신저가 아닌 주변 기능 위주로 확장해 플랫폼 전체가 무거워지는 것도 단점으로 꼽힌다.

카카오는 국민 메신저 카카오톡을 서비스하는 모바일 소셜 플랫폼 회사다. 국내 모바일 생태계 조성에 앞장서고 있는 카카오는 무료 모바일 메신저 서비스인 카카오톡의 압도적인 점유율과 소셜 네트워크를 기반으로 '카카오스토리', '카카오게임하기' 등을 잇달아 성공시키며 온 국민을 연결하는 서비스로 자리 잡고 있다. 2014년 다음커뮤니케이션과의 인수합병 이후 카카오는 '카카오페이', '뱅크월렛카카오' 등 핀테크 영역을 강화하고, '카카오택시' 등 온·오프라인 연계 서비스를 통해 수익모델을 다각화하는 등 다양한 플랫폼 비즈니스 전략을 추진하고 있다. 이처럼 카카오는 한국 시장의 높은 점유율을 기반으로 글로벌 확장을 위해 노력하고 있지만, 경쟁 상황이 쉽지만은 않을 것이다. 카카오가 한국을 벗어나 글로벌로 확장하기 위해서는 글로벌 시장을 선점하고 있는 네이버의 '라인'과 같은 타 메신저 서비스들과 차별화된 서비스 개발 및 국가별 현지화 전략을 모색해야 할 것으로 보인다.[86]

---

86) 이동원, "모바일 소셜 플랫폼의 진화-카카오",「Asan Entrepreneurship Review」, 2015.8.10. 참조.

참고 문헌

- 위정현, 정재훈, "From messenger to mobility—카카오모빌리티", 「아산기업가정신 리뷰」, 2018.12.06.
- 이동원, "모바일 소셜 플랫폼의 진화—카카오", 「아산기업가정신 리뷰」, 2015.8.10.
- 이윤서, "카카오를 국민기업으로 성장시킨 김범수 의장", 한미블로그 2019.08.26.
- 전기석, 「4차 산업혁명시대의 스마트 창업경영」, 지필미디어, 2019.
- 전기석, 「현대 창업경영론」, 명경사, 2017.

엔씨소프트, 김택진

9

Entrepreneurship

**파괴적 혁신 기업가 및
기업가정신**

Chapter 9. 엔씨소프트, 김택진[87]

엔씨소프트의 개요[88]

 엔씨소프트는 국내 게임업계의 선두주자로서 김택진 대표의 진두지휘하에 세계시장 개척에도 앞장서고 있는 게임회사이다. 리니지2M의 해외진출과 신작출시에 대한 기대감으로 엠씨소프트 주가가 연일 상승하고 있는 추세이다. 엔씨소프트의 시가총액은 2020년 7월 초 기준으로 21조 8,222억 원으로 상장기업 중 10위에 올랐다. 시가총액에서는 현대차(21조 7,942억 원)와 LG생활건강(21조 2,251억 원)을 능가하였다. 엔씨소프트는 연결재무제표 기준으로 2019년에 매출 1조 7,012억 원에 영업이익 4,790억 원을 달성하여 게임업계의 최강자 대열에 우뚝 자리를 잡았다. 엔씨소프트의 주식 중 김택진 대표가 보유한 약 12%의 가치는 2020년 7월 초를 기준으로 약 2조 6,100만 원 정도가 되니, 가히 대한민국 주식부자로 등극하여도 손색이 없다고 할 수 있다.

---

87) 전기석 | 연세대학교 정경대학 교수, jks5473@yonsei.ac.kr
88) 송재용 외, "온라인 게임세계시장 선점을 위한 도전-엔씨소프트의 조기 글로벌화", 「Asan Entrepreneurship Review」, 2018. 참조.

국내 게임산업의 강자들인 엔씨소프트와 넥슨 두 회사의 경영지표를 비교하면서 엔씨소프트를 분석하고자 한다. 〈그림 36〉은 엔씨소프트의 주가 추이를 보여주고 있다. 엔씨소프트의 주가는 2011년도 266달러에서 2012년 141달러로 하락하였다가, 2013년 236달러로 상승한 후 다시 2014년 166달러로 하락하는 등 롤러코스터 장세를 보이더니 이후에는 꾸준히 상승하였다. 결국 2019년도에는 466달러를 돌파하는 기염을 토하였다.

〈그림 36〉 엔씨소프트 주가 추이

(단위: 달러)

* 자료: Bloomberg Database

〈그림 37〉은 넥슨의 주가 추이를 보여주고 있다. 2011년도 7달러에서 2012년 5달러로 하락한 후 2014년까지 횡보하는 모습을 보이다가 2015년부터 상승세를 타면서 2018년에는 13달러까지 상승하였다.

<그림 37> 넥슨 주가 추이

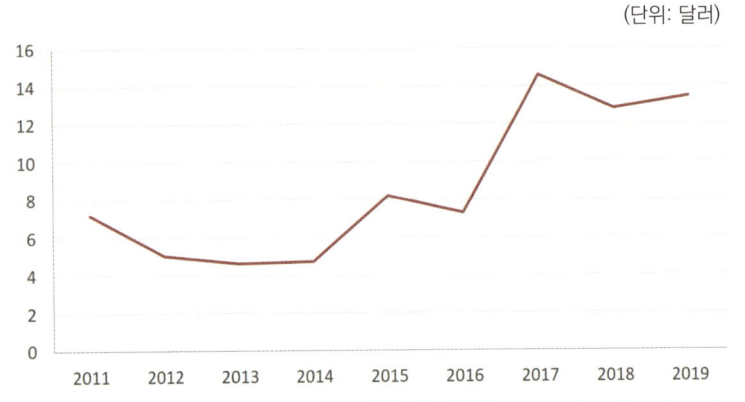

* 자료: Bloomberg Database

<그림 38>에서 보여주는 것처럼 엔씨소프트와 넥슨의 시가총액은 지속해서 증가하고 있다. 2011년도에 비해 2019년도에는 양사의 시가총액은 2배 정도 커졌다.

<그림 38> 엔씨소프트 & 넥슨 시가총액 추이

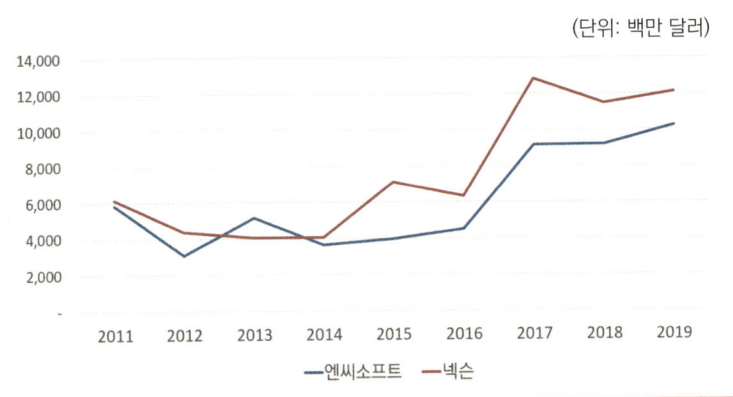

* 자료: Bloomberg Database

〈그림 39〉에서는 엔씨소프트(연결재무제표 기준)와 넥슨(개별재무제표 기준)의 매출 증가율을 살펴보면서 두 회사의 매출 증가율을 사용하여 성장성을 비교한다. 엔씨소프트는 2009년과 2017년에 비약적인 성장을 이루었다. 그리고 2012년과 2016년에도 꽤 주목할 만한 성장을 하였다. 반면에 넥슨은 2009년부터 2011년까지 40% 전후의 다소 의미 있는 성장을 하였으나, 2011년과 2015년에 마이너스 성장을 하는 바람에 사세를 확장하지 못하고 있다.

〈그림 39〉 엔씨소프트 & 넥슨 성장성 비교 - 매출증가율 추이

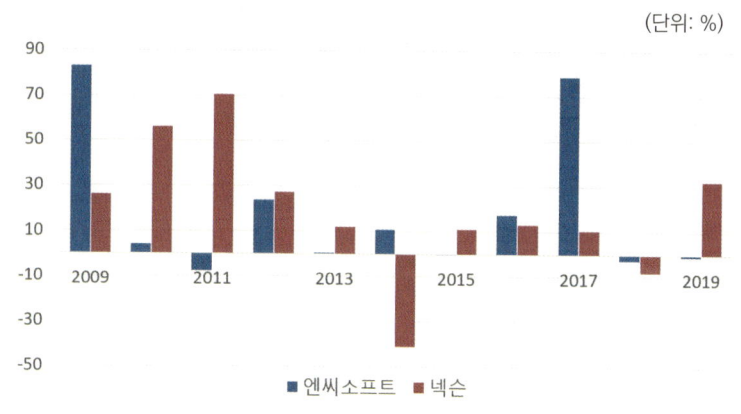

* 주: 엔씨소프트-IFRS 연결재무제표, 넥슨-IFRS 개별재무제표 기준
* 자료: NICE평가정보

〈그림 40〉은 엔씨소프트와 넥슨의 영업이익률을 사용하여 두 회사의 수익성을 비교하였다. 2009년부터 2019년까지 엔씨소프트는 영업이익률을 매년 꾸준히 유지하여 평균 29.5%라는 양호한 실적을 보여주고 있다. 넥슨도 평균 22.5%를 달성하여 양호한 실적을 시현하였다.

〈그림 40〉 엔씨소프트 & 넥슨 수익성 비교 - 영업이익률 추이

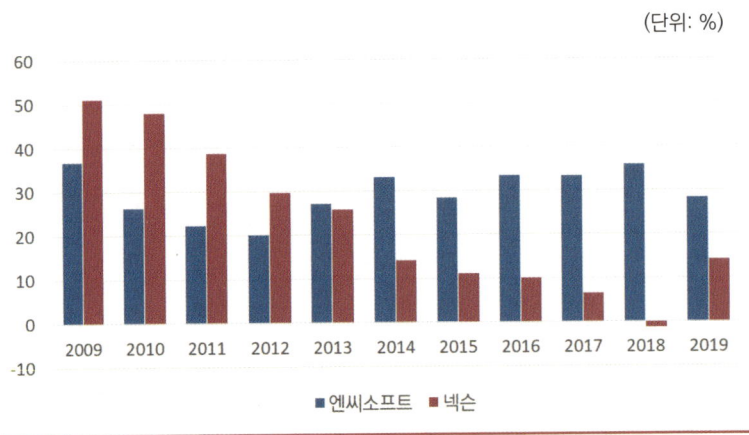

* 주: 엔씨소프트-IFRS 연결재무제표, 넥슨-IFRS 개별재무제표 기준
* 자료: NICE평가정보

〈그림 41〉은 엔씨소프트와 넥슨의 안정성을 비교·분석하고자 부채비율을 검토하였다. 2009년부터 2019년까지 엔씨소프트의 평균 부채비율은 28.1%로 안정된 수준을 유지하고 있다. 반면에 넥슨은 2014년까지 높은 부채비율을 가지고 있어 불안정한 모습을 보였으나 2012년부터 부채를 대거 상환하여 낮은 수준의 부채비율을 유지하고 있다.

〈그림 41〉 엔씨소프트 & 넥슨 안정성 비교 – 부채비율 추이

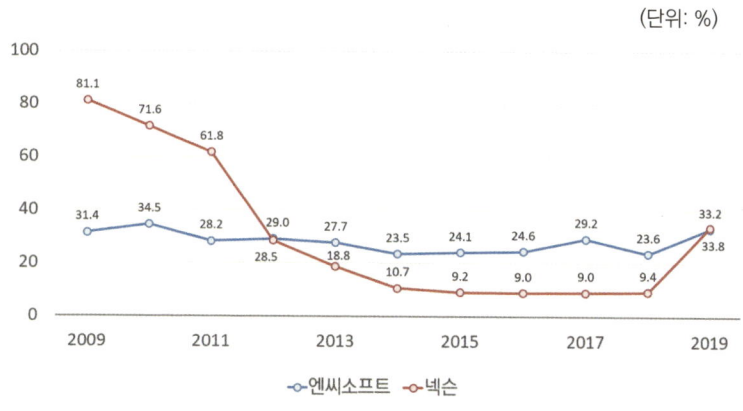

* 주: 엔씨소프트-IFRS 연결재무제표, 넥슨-IFRS 개별재무제표 기준
* 자료: NICE평가정보

〈표 14〉와 〈표 15〉는 각각 국내 게임산업의 거장들인 엔씨소프트와 넥슨의 주요 경영지표를 보여주고 있다. 2009년부터 2019년까지 엔씨소프트의 매출증가율이 평균 18.8%로 넥슨의 19.2%를 다소 하회하고 있다. 반면에 동기간 영업이익률의 평균은 29.5%로 넥슨의 22.5%를 상회하고 있다.

〈표 14〉 엔씨소프트 실적 추이

(단위: 억 원, %)

연도	매출액	영업이익	순이익	매출액 증가율	영업이익률	당기순이익률
2009	6,347	2,340	1,883	83.0	36.9	29.7
2010	6,597	1,736	1,443	3.9	26.3	21.9
2011	6,089	1,357	1,177	-7.7	22.3	19.3
2012	7,535	1,513	1,537	23.8	20.1	20.4
2013	7,567	2,052	1,587	0.4	27.1	21.0
2014	8,387	2,782	2,275	10.8	33.2	27.1
2015	8,383	2,375	1,664	-0.1	28.3	19.8
2016	9,836	3,288	2,714	17.3	33.4	27.6
2017	17,587	5,850	4,440	78.8	33.3	25.2
2018	17,151	6,149	4,215	-2.5	35.9	24.6
2019	17,012	4,790	3,592	-0.8	28.2	21.1
평균	10,226	3,112	2,411	18.8	29.5	23.4

* 주: IFRS 연결재무제표 기준
* 자료: NICE평가정보

〈표 15〉 넥슨 실적 추이

(단위: 억 원, %)

연도	매출액	영업이익	순이익	매출액 증가율	영업이익률	당기순이익률
2009	3,295	1,683	1,814	26.2	51.1	55.0
2010	5,147	2,469	2,233	56.2	48.0	43.4
2011	8,771	3,396	3,344	70.4	38.7	38.1
2012	11,170	3,313	1,643	27.4	29.7	14.7
2013	12,522	3,233	6,527	12.1	25.8	52.1
2014	7,395	1,044	3,746	-40.9	14.1	50.7
2015	8,222	916	5,394	11.2	11.1	65.6
2016	9,313	931	423	13.3	10.0	4.5
2017	10,297	673	20	10.6	6.5	0.2
2018	9,469	-128	-518	-8.0	-1.4	-5.5
2019	12,546	1,769	1,124	32.5	14.1	9.0
평균	8,922	1,754	2,341	19.2	22.5	29.8

* 주: IFRS 개별재무제표 기준
* 자료: NICE평가정보

김택진, 타고난 소프트웨어 개발자

김택진 엔씨소프트 대표는 대학 시절부터 뛰어난 소프트웨어 개발자였다. 서울대학교 컴퓨터 동아리에서 그는 선배 이찬진(현 드림위즈 대표)과 함께 아래아 한글을, 대학원 시절 한메타자 등을 개발했다. 그가 게임 산업에 눈을 뜬 건 현대전자 보스턴 R&D 센터에서 근무할 때였다. 소프트웨어 개발자로서 네트워크로 연결된 세상에 흥미를 느끼며 그는 온라인 게임에서 그 가능성을 발견한 것이다.

김택진 대표는 일찍부터 인재가 핵심임을 이해한 사람이었다. 최초의 그래픽 머그(MUG; Multi User Graphic)게임 '바람의 나라'를 개발한 넥슨 창업자 송재경은 당시 공동 창업자 김정주와의 불화로 1996년 넥슨을 떠나 아이네트에서 '리니지'를 개발 중이었다. 신일숙 작가의 만화를 원작으로 한 이 게임은 송재경이 큰 포부를 갖고 기획했으나 IMF로 사정이 어려워지면서 중단될 위기에 처했다. 당시 현대전자를 그만두고 엔씨소프트를 창업한 김택진 대표는 이 기회를 놓치지 않고 곧바로 송재경을 영입했고, 1998년 말 출시된 '리니지'는 작은 벤처 기업이던 엔씨소프트를 지금 수준으로 키운 일등 공신이었다.

1990년대 후반 한국은 블리자드의 '스타크래프트'가 들어오면서 PC방 사업이 크게 확대됐다. 또 인터넷 네트워크 사업이 확장되면서 온라인 게임을 하기 좋은 환경이 막 조성될 때였다. 이런 환경에서 출시된 '리니지'는 당시 수준으로선 획기적인 소재와 그래픽으로 큰 인기를 끌었다. 리니지는 1998년 대한민국 게임 대상을 수상하는가 하면 넥슨의 '바람의 나라'를 단숨에 제치고 온라인 게임 순위 1위에 올라섰다. 1999년 엔씨소프트는 순수하게 '리니지' 하나로 달성한 매출액이 66억 원, 영업이익이 35억 원이었고 2000년에는 매출액 559억 원으로 매출이 급증하는 기록적인 성장을 이어갔다. 엔씨소프트는 같은 해 코스닥 상장기업이 되었다.

이후에도 엔씨소프트의 '리니지'는 계속 신기록을 경신했다. 엔씨소프트의 역사는 곧 한국 온라인 게임의 역사라고 할 수 있다. 상장 이후 1년 만에 2배 이상 성장해 매출액 1,247억 원을 달성했고 2001년 12월 세계 최초로 동시접속자 수 30만 명을 돌파했다. 엔씨소프트는 '리니지'의 성공에 머물지 않고 새로운 성장동력으로 삼을 3차원(3D) 게임인 '리니지2'를 개발해 2003년부터 상용화했다. 고사양(高仕樣) 게임을 홍보하기 위해 마이크로소프트, 인텔 등과 제휴한 '리니지'용 PC를 보급했고 리니지의 인기에 힘입어 '리니지2' 역시 국내 시장에서 큰 성공을 거뒀다.

그러나 엔씨소프트는 오랜 기간 '리니지' 한 제품의 매출에만 너무 의존해왔다. 2008년까지 매출의 80%가 '리니지'와 '리니지2'에서 발생했다. 2008년 기준 총 매출 2,402억 원 중 '리니지'매출이 1,197억 원(49.8%), '리니지2'매출이 1,053억 원(43.9%)이었다. 이처럼 제품이 한 부문에만 치우쳐 이를 개선하고자 꾸준히 제품 포트폴리오를 확장하기 위해 엔씨소프트는 다양한 게임을 개발하려는 노력을 지속해왔다. 내부적으로 개발에 박차를 가하는 동시에 외부에서는 새로운 인재들을 영입하고 유명 개발 스튜디오를 인수하는 등 새로운 투자처를 찾아 나섰다. 이런 대내외적 노력은 엔씨소프트 해외 진출의 역사와도 맞물려 있었다.

창업 3년 만인 2000년, 대만 진출을 시작으로 2001년 미국과 일본, 2003년 중국, 2004년 유럽에 '리니지' 서비스를 선보이며 벤처 기업치곤 매우 발 빠르게 글로벌 네트워크를 구축했다. 대만에서 '리니지'는 10여 년째 선두 자리를 지키고 있고 2005년 출시한 '길드워'는 북미·유럽 시장에서 큰 반향을 일으키며 본격적으로 전 세계에 엔씨소프트의 이름을 알렸다. 2012년 신작 '블레이드 앤 소울' 역시 중국, 대만 및 미국 시장에 성공적으로 안착하며 세계 시장에서 대규모 다중사용자 온라인 롤플레잉 게임(MMORPG; 다중접속역할수행게임 Massively Multiplayer Online Role Playing Game)[89] 명가(名家)로서 자존심을 세웠다. 이제 엔씨소프트는 아시아, 북미, 유럽에 10개의 해외 지사를 거느린 기업으로 성장했고 해외 매출이 50%에 육박했다.

현재 엔씨소프트의 모든 프로젝트는 로컬 시장이 아닌 글로벌 시장이 대상이다. 특정 국가가 아니라 전 세계가 감동할 수 있는 게임을 만들겠다는 것이 궁극적인 목표다. 2016년 1월 미국 LA, 이곳에선 엔씨소프트의 신작 게임 '블레이드 앤 소울'의 북미 서버 오픈을 축하하는 런칭 파티가 열렸다. 반응은 뜨거웠다. 예상 모집 인원인 300명을 훨씬 뛰어넘은 900여 명의 팬이 몰려 대성황을 이루었다. 북미에서 '블레이드 앤 소울'을 오픈한 것은 처음이지만 런칭 파티에 참여한 대부분의 사람은 한국이나 대만 계정을 이용해 이전부터 게임을 즐겨온 '골수팬'이었다.

---

89) 다중접속역할수행 게임은 한 명 이상의 플레이어가 인터넷을 통해 모두 같은 가상공간에서 즐길 수 있는 롤플레잉 게임(RPG)의 일종이다.

엔씨소프트의 세계 시장 진출 노력

엔씨소프트가 국내에서 성공하기 전까지 한국은 게임산업의 메이저 시장이 아니었다. 콘솔이나 패키지를 중심으로 한 미국, 일본, 유럽이 삼국전을 펼치고 있었다. 국내에서 리니지의 뜨거운 반응을 접하고 보니 김택진은 이런 게임이라면 다른 나라에서도 해볼 만하다는 생각이 들었다. 특히 인터넷망을 이용하니 해외에서 접속하는 경우도 심심찮게 보였다. 더구나 미국을 비롯한 해외 시장 진출은 김택진의 오랜 꿈이었다.

김택진의 오랜 꿈이었던 엔씨소프트의 해외 진출은 매우 빠르고 동시다발적으로 이뤄졌다. 먼저 엔씨소프트는 설립 3년 만인 그리고 '리니지'의 국내 서비스 상용화 이후 22개월 만인 2000년 7월, 대만에 첫발을 내디딘다. 굉장히 빠른 결정이었다. 대만 유저(user)들이 한국에서 인기 있는 '리니지'에 큰 관심을 보이자 패키지 게임을 유통하는 대만 회사 감마니아가 적극적으로 엔씨소프트에 제휴를 제안하였다. 메이저 시장으로서 중요도가 큰 중국 시장을 고려할 때 같은 중화권인 대만은 중국 시장의 예비시험 장소로서뿐만 아니라, 중국 시장 진출을 위한 교두보를 마련할 수 있는 전략적 요충지였다. 대만에서 게임 관련 사업을 해온 감마니아는 파트너로서의 역량이 충분했다.

이어 2000년 2월 '리니지'의 라이센싱 계약을 체결하고 그해 7월, 대만에 해외 시장 처음으로 '리니지'를 선보였다. 다행스럽게도 '리니지'는 대만의 초기 온라인 게임 시장을 선점해 폭발적인 성공을 거두며 PC 게임이 주를 이루던 대만의 게임 시장을 재편했다. 얼마나 폭발적인 인기를 얻었느냐 하면, 심지어 '리니지' 때문에 대만의 국가 네트워크가 다운되는 사태도 있을 정도였다. 당시 '온라인 게임'하면 '리니지'였고, 수많은 유저(user)가 친구들을 '리니지'로 불러 모았다. 이때 크게 확장된 유저층은 이런 형식의 게임 장르에 익숙해져 이후 '리니지2', '아이온' 등 '리니지'와 비슷한 성향의 게임들로 이동하곤 했다.

성공 요인 1: 탁월한 소프트웨어 개발 능력

김택진 대표는 대학 시절부터 뛰어난 소프트웨어 개발자였다. 엔씨소프트 창립 이전에 서울대학교 컴퓨터 동아리에서 그는 선배 이찬진 드림위즈 대표와 함께 '아래아 한글'을 공동 개발했다. 서울대학교 대학원 시절 한메소프트를 창립하여 도스용 '한메타자교사'를 개발하는 등, 소프트웨어 개발자로서 명성을 얻었다. 온라인게임 '리니지', '리니지2', '길드워' 등을 통해 엔씨소프트를 세계적인 게임 기업으로 성장시켰으며 2007년 12월 대한민국 문화콘텐츠 해외진출 유공자포상 대통령 표창을 받았다.

성공 요인 2: 온라인 게임의 가능성 먼저 발견

김택진 대표가 게임 산업에 눈뜬 건 현대전자 보스턴 R&D센터에서 근무할 때였다. 소프트웨어 개발자로서 네트워크로 연결된 세상에 흥미를 느끼며 그는 온라인 게임에서 그 가능성을 발견한 것이다. 엔씨소프트가 한국에서 성공하기 전까지 한국은 게임산업의 주목받을 만큼 큰 시장이 아니었다. 콘솔이나 패키지를 중심으로 한 미국, 일본, 유럽이 삼국전을 펼치며 시장을 지배하고 있었다.

하지만 국내에서 리니지의 뜨거운 반응을 접하고 보니 김택진은 이런 게임이라면 다른 나라에서도 해볼 만하다는 느낌이 들었다. 인터넷망을 이용하니 해외에서 접속하는 경우도 심심찮게 보였다. 대만 이용자들이 한국에서 인기 있는 '리니지'에 큰 관심을 보이자 패키지 게임을 유통하는 대만 회사인 감마니아가 적극적으로 엔씨소프트에 제휴를 제안한 것이었다. 메이저 시장으로서 중요도가 큰 중국 시장을 고려할 때, 같은 중화권인 대만은 중국 시장의 실험장소로서, 중국 시장 진출을 위한 교두보를 마련할 수 있는 전략적 요충지였다. 대만에서 게임관련 사업을 해온 감마니아는 파트너로서의 역량이 충분했다.

성공 요인 3: 인재를 보는 안목 보유

김택진 대표는 인재가 핵심임을 가장 잘 이해한 사람들 하나이었다. 최초의 그래픽 게임 '바람의 나라'를 개발한 넥슨 창업자 송재경은 당시 공동 창업자 김정주와의 불화로 1996년 넥슨을 떠나 아이네트에서 '리니지'를 개발 중이었다. 이 게임은 송재경이 큰 포부를 갖고 기획했으나 IMF 사태로 자금조달 사정이 어려워지면서 중단될 위기에 처했다. 엔씨소프트를 창업한 김택진 대표는 이 기회를 놓치지 않고 곧바로 송재경을 영입했고, 1998년 말 출시된 '리니지'는 작은 벤처 기업이던 엔씨소프트를 지금 수준으로 키운 일등 공신이었다. 송재경은 나중에 엑스엘게임즈(XL Games)를 창업하여 '달빛조각사'로 게임업계의 강자 중 하나로 자리매김하고 있다.

송재경이 설립한 엑스엘게임즈가 개발하고, 카카오게임즈가 2019년 10월 출시한 '달빛조각사'는 게임 판타지 소설 열풍을 일으킨 원작 '달빛조각사'를 최초로 활용한 게임이다. 사전 예약에 320만 명이 몰린 만큼, 출시 하루 만에 애플 앱스토어 및 구글 플레이 양대 시장에서 인기 게임 순위 1위를 차지했다. 이와 더불어 애플 앱스토어 매출 순위 1위, 구글 플레이 스토어 매출 4위를 기록했다. 하반기에 출시했음에도 한 해를 결산하는 '2019 한국게임 대상' 최종심사에 오르기도 했다.[90]

---

90) 머니투데이, 2019.11.13. 참조.

성공 요인 4: 국내시장에 안주하기보다는 세계시장에 도전[91]

엔씨소프트는 2004년 7월 영국에 현지 법인을 설립하고 유럽 시장 공략에 나서 11월부터 '리니지2' 서비스를 시작했다. 더 자세히 소개하면 2004년 7월, 엔씨소프트 유럽이 영국 브라이튼에서 설립되었다. 엔씨소프트 유럽은 2005년 2월 '시티 오브 히어로'를 유럽 각국에서 서비스를 시작하였으며, 같은 날 유럽용 '리니지2'의 서버를 개설하였다.

2006년 2월, 대만 게임쇼에서 엔씨소프트는 엔씨오스틴에서 개발하고 있던 던전러너의 클로즈드베타를 시작한다고 밝혔다. 이 게임은 이후 무료 게임으로 현재 엔씨소프트의 북미 게임 포탈인 플레이엔씨에서 서비스되고 있다. 또한 엔씨소프트는 오픈 소스 업체인 몽키 엔진(J Monkey Engine)의 개발자를 직접 고용하였다. 이 밖에 2006년 엔씨소프트는 새로운 MMORPG(다중접속역할수행게임)인 '아이온'의 개발을 발표하고, 2008년 11월에 한국에서 서비스를 시작한 데 이어 2009년에는 중국, 일본, 대만, 북미, 유럽에서도 서비스를 시작하였다. 이때 아이온의 음악은 양방언[92]이 담당했다.

2012년 6월, 동양적 세계관의 대작 MMORPG(다중접속역할수행게임) '블레이드 & 소울' 서비스를 시작하였다. 중국에는 2013년 11월,

---

91) 네이버 위키백과 참조.

92) 양방언은 재일교포 2세로 대한민국 국적을 가지고 일본에서 활동하는 피아니스트이자 뉴에이지(New-age) 음악 작곡가이다.

북미와 유럽에서는 2016년 1월부터 서비스를 시작하였다. 2012년 8월, '길드워2'를 북미 시장에 개시하였으며, 이 게임은 같은 해 타임지의 네 올해의 게임'으로 선정되었다. 2016년 3월, 모바일 TCG(Trading Card Game)게임인 '블레이드 & 소울 모바일'을 중국에 개시하였다. 이로써 엔씨소프트는 미국, 유럽, 대만, 일본, 중국, 홍콩 등지에 진출한 명실상부한 글로벌 게임업체가 되었다.

향후 전망[93]

비록 지금까지는 게임업계에서 엔씨소프트가 승승장구하였지만 앞으로도 롱런하기 위해서는 넘어야 할 산들이 많다고 보인다. 글로벌 시장 내 점유율 확대가 우선적으로 당면한 과제이다. 2020년 1분기 엔씨소프트의 매출의 87%는 국내에서 발생했다. 향후에도 지속적으로 성장하기 위해서는 국외에서의 매출증대에 주력해야 할 것이다.

또 다른 과제는 김택진 대표가 과거 엔씨소프트에서 어제까지 동고동락하며 한솥밥을 먹던 동료들과 장차 경쟁을 해야만 한다는 점이다. 엔씨소프트의 대작 '리니지2M'이 출시되면서 2020년 하반기 모바일 MMORPG(다중접속역할수행게임)의 3파전이 예상된다. 흥미롭게도 3종의 게임 모두 핵심 개발자와 경영진이 모두 '리니지'와 맞물려 있다.[94]

---

93) '리니지 동지들, 모바일게임 삼국지', 머니투데이, 2019.11.14. 참조.
94) 중앙일보, '게임천재 세 남자의 사랑과 전쟁', 2019.10.31. 참조.

먼저 불을 지핀 쪽은 '달빛 조각사'를 선보인 송재경 엑스엘게임즈 대표이다. 그는 엔씨소프트에서 '리니즈'를 만든 대표적인 개발자다. 과거 넥슨에서 '바람의 나라' 개발에도 참여했다. 그는 '달빛 조각사'를 통해 처음으로 모바일 MMORPG에 발을 디뎠다. '달빛 조각사' 개발에는 '리니지' 초기 개발에 관여한 엔씨소프트 출신 김민수 이사도 함께했다.

이어서 엔씨소프트에서 '리니즈2' 프로그램 팀장이었던 박용현 넷게임즈 대표가 'V4'를 출시하며 경쟁에 불을 지피고 있다. 그는 2007년 엔씨소프트를 떠나 크래프톤(옛 블루홀)에서 PC게임 '테라' 프로젝트를 이끌었다. 이후 2015년 넷게임즈를 설립해 모바일게임 '히트'와 '오버히트'를 출시해 성공시켰다. 넷게임즈는 넥슨의 자회사로 'V4'서비스는 넥슨이 맡았다. 'V4'는 출시하자마자 구글플레이 최고 매출 3위에 올랐다. 최근에는 애플 앱스토어 최고 매출 1위, 구글플레이 2위에 오르며 시장을 주도하고 있다. 양대 앱 마켓 인기 1위는 출시와 동시에 달성했다.

따라서 김택진 대표는 엔씨소프트의 내부 사정을 잘 알고 있는 옛 동료들과 적으로 만나 정면승부를 피할 수 없게 되었다. 엔씨소프트는 '리니지2M'을 앞세워 향후 모바일게임 시장 평정에 나설 계획이다. '리니지2M'은 김택진 대표가 직접 개발상황을 챙기며 공을 들인 작품이다. 김택진 대표는 "앞으로 몇 년 동안 기술적으로 따라올 수 없는 게임을 만들고자 했다"며 '리니지2M'의 성공을 확신한다. 그만큼 '리니지2M'은 엔씨소프트가 보유한 기술과 게임 개발력의 총 집약체로 평가받는다. 이를 증명하듯이 '리니지2M'에는 사전예약자 7백만 명이 몰렸다. 약 29개월간 매출 1위 자리를 지킨 전작 '리니지M'의 성과를 이어받을 것이라는 전망이 나온다.

참고 문헌

- 나보라, 「게임의 역사」, 커뮤니케이션북스, 2016.
- 송재용 외, "온라인 게임세계시장 선점을 위한 도전-엔씨소프트의 조기 글로벌화", 「Asan Entrepreneurship Review」, 2018.
- 전기석, 「4차 산업혁명시대의 스마트 창업경영」, 지필미디어, 2019.
- 전기석, 「현대 창업경영론」, 명경사, 2017.

10

Entrepreneurship

라쿠텐, 미키타니 히로시

파괴적 혁신 기업가 및
기업가정신

Chapter 10. 라쿠텐, 미키타니 히로시[95]

미키타니 히로시 회장의 괄목할 성과

　라쿠텐(Rakuten) 주식회사는 인터넷쇼핑 서비스를 시작으로 인터넷 관련 제반 서비스를 제공하는 일본기업이다. 1997년 2월 7일, '주식회사 엠디엠'이라는 이름으로 설립되어 같은 해 5월 1일 '라쿠텐 시장' 서비스를 시작하였다. 일본 IT업계에서 최고를 자랑하고 있는 라쿠텐은 일본의 소규모 전자상거래업체로 시작하여 2004년 포털, 경매, 커뮤니티, 복권 및 기타 다양한 서비스를 제공하는 일본에서 두 번째 규모의 사이트가 되었다. 잠재 고객 수로 볼 때 야후 재팬보다 월별 방문자 수가 더 많아지게 되었고 불과 10년 만에 라쿠텐은 시장을 선도하는 통합 인터넷 서비스 제공업체로 성장하였다.[96]

---

95) 박영렬 | 연세대학교 경영대학 교수, yrpark@yonsei.ac.kr,
　　연세대학교 경영학사, 미국 일리노이대 경영학 석사, 박사,
　　연세대 경영대학장 역임, (현)한국경영교육인증원 원장
96) https://global.rakuten.com/corp/about/ko/ 라쿠텐 홈페이지에 나온 회사소개를 바탕으로 작성.

라쿠텐은 최근 적극적인 글로벌 인수합병(M&A) 투자로 주목받고 있으며 글로벌 비즈니스 분야에서 기업 사냥꾼으로 불리고 있다. 라쿠텐은 2014년, 모바일 메신저 서비스 업체인 바이버(Viber)에 9억 달러, 온라인 리베이트 업체인 이베이츠(Ebates)에 10억 달러에 달하는 자금을 투자하여 인수를 통한 새로운 도약을 시도하였다. 2015년에는 교통정보 및 차량 공유 서비스 업체인 리프트(Lyft)에 3억 달러를 투자해 지분 12%를 확보하였으며 또한 GM과 협력하여 무인 택시 개발에 나섰다. 지난 몇 년 사이 미국에서 바이닷컴(Buy.com)을, 영국에서 플레이닷컴(Play.com)을 인수하였고 라이프스타일에 초점을 맞춘 소셜 네트워크 핀테리스트에도 1억 달러를 투자하는 등 글로벌 확장에 박차를 가하고 있다. 물론 인수하거나 투자한 기업 모두가 성공적인 것은 아니지만 비록 실패를 겪어도 본사가 흔들릴 정도는 아니었다.[97]

라쿠텐의 미키타니 히로시 회장은 새로운 미래 사업에 대해 끊임없이 찾고, 도전하면서 세계 시장으로의 꾸준한 확장을 꾀하고 있다. 이는 과거의 업적이나 성공 또는 현재 일구어 놓은 사업 등에 안주하지 않고 계속해서 나아가고자 하는 그의 면모를 엿볼 수 있는 점이다. 이는 기존까지의 일본인 기업 경영자들이 보여온 전통적 경영방식과는 다른 신세대적 경영인의 모습을 보여주고 있는 것으로 미키타니 히로시 회장만의 차별적 경영방식이라 할 수 있다.

---

[97] 한일재단 일본경제연구센터, "인터넷 비즈니스의 개척자_라쿠텐(楽天)", 「일본기업리포트」, 2015.21., pp.1-2.

라쿠텐은 2018년 13억 명 회원에게 서비스를 제공하고 있으며 출점 점포 4만 개로 일본 최대의 e-커머스 기업으로 도약하였다. 본사에는 6,528명 그리고 자회사에는 17,214명의 직원이 일하는 라쿠텐은 2018년 12월 말 기준으로 영업이익은 1,704억 2,500만 엔, 총자본금은 7,762억 700만 엔이다. 라쿠텐은 1997년 창업 이후 20년 만에 1조 엔 매출 반열에 올랐으며 꾸준한 성장에 힘입어 2018년에는 매출 1조 1,014억 엔과 순이익 1,422억 엔을 기록하며 전년 대비 약 20% 성장하였다. 또한 라쿠텐의 시가총액도 2018년 9,980억 엔에서 2019년 1조 2,700억 엔으로 1.2배 증가하였으며 2020년 5월 현재, 1조 4,000억 엔에 달한다.[98]

〈그림 42〉와 〈그림 43〉에서 보여주듯이 라쿠텐의 주가 변동을 살펴보면 2000년부터 2005년까지 상승하다가 2008년 이후부터 현 상황을 유지하고 있으며 2013년 주가가 소폭 상승하다가 점차 하락하는 추세이다. 라쿠텐은 2000년 자스닥에 상장하였으며 창업 5년 만에 6천 개 이상의 점포를 보유하고 있으며 10주년이 되는 해에는 출점 수는 1만 5천 개, 유통 총액이 연간 4천억 엔에 이르는 일본 1위의 전자상거래 업체로 성장하였다. 현재는 누구나 손쉽게 이용할 수 있는 시스템을 구축하여 인터넷 쇼핑몰, 금융업, 통신업, 신용카드·결제 서비스업, 포털 미디어, 등 온라인에서 강점을 갖는 다양한 산업으로 사업을 확장하였다. 해외 시장에서는 전 세계 210개 이상의 국가와 지역에서 라쿠텐을 볼 수 있다.

---

98) 라쿠텐의 재무제표 관련된 수치는 Bloomberg Database를 참고하여 작성.

〈그림 42〉 라쿠텐 주가 추이

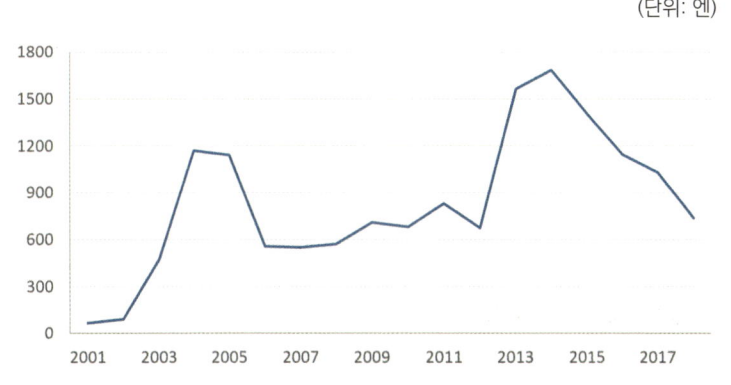

(단위: 엔)

* 자료: Bloomberg Database

〈그림 43〉 라쿠텐 시가총액 추이

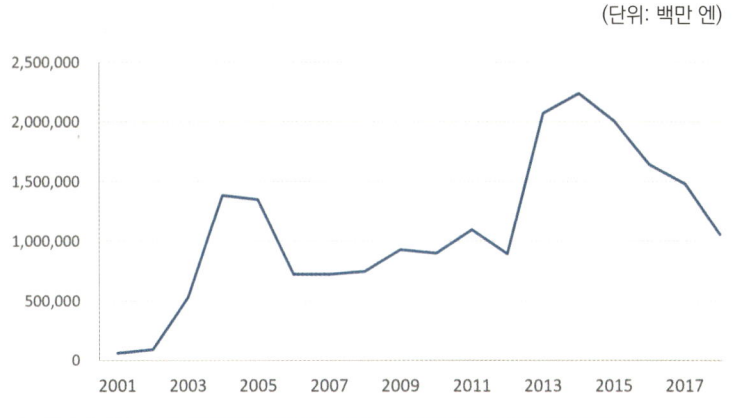

(단위: 백만 엔)

* 자료: Bloomberg Database

〈그림 44〉는 라쿠텐의 최근 5년간의 재무제표를 기초로 기업의 성장성, 수익성 그리고 안정성을 보여주고 있다. 성장성과 수익성은 최근 5년간 큰 폭으로 하락하거나 상승하지 않았고 10%에서 20% 사이로 안정적인 양상을 띠고 있다. 그러나 부채비율은 80% 이상으로 상대적으로 높은 편이며 향후 이에 대한 개선이 필요할 것으로 생각된다.

〈그림 44〉 라쿠텐 재무현황

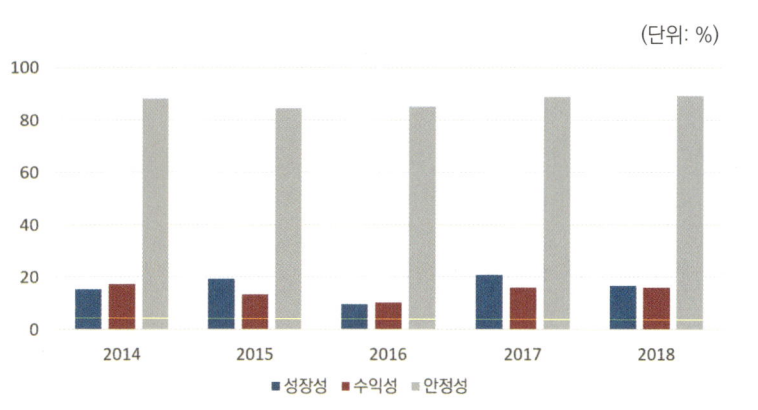

* 자료: Bloomberg Database

〈표 16〉 라쿠텐 재무실적 추이

(단위: 백만 엔, %)

연도	매출액	영업이익	순이익	영업이익률	순이익률	매출액 증가율
2002	9,894	2,550	-3,276	25.77	-33.11	45.93
2003	18,082	4,750	-52,643	26.27	-291.13	82.76
2004	45,567	15,059	-14,271	33.05	-31.32	152.00
2005	129,775	34,885	19,449	26.88	14.99	184.80
2006	203,271	29,148	2,702	14.34	1.33	56.63
2007	213,938	118	36,898	0.06	17.25	5.25
2008	249,883	47,151	-54,977	18.87	-22.00	16.80
2009	298,252	56,649	53,564	18.99	17.96	19.36
2010	346,144	63,766	34,956	18.42	10.10	16.06
2011	379,900	71,343	-1,139	18.78	-0.30	9.75
2012	400,444	50,055	20,489	12.50	5.12	5.41
2013	518,568	90,244	42,900	17.40	8.27	29.50
2014	598,565	103,264	70,614	17.25	11.80	15.43
2015	713,555	94,689	44,436	13.27	6.23	19.21
2016	781,916	79,668	38,429	10.19	4.91	9.58
2017	944,474	150,481	110,585	15.93	11.71	20.79
2018	1,101,480	175,226	142,282	15.91	12.92	16.62

* 자료: Bloomberg Database

기업혁신 전략 1: 신성장 생태계 창출

라쿠텐의 첫 번째 혁신 창출 전략은 기존 산업 생태계의 룰을 바꾼 신성장 생태계를 창출한 것이다. 그동안 일본에서 생산업체가 인터넷 쇼핑몰을 통해 상품을 판매할 경우 상당한 판매 수수료를 지불해야 하는 관행 그리고 복잡한 프로세스와 매니지먼트의 문제는 전자상거래 발전을 가로막는 장애물이었다. 이런 문제를 해결하고자 미키타니 히로시 회장은 사이트 관리와 정보 변경을 쉽게 할 수 있는 소프트웨어를 제공하고,

쇼핑몰 출점 비용을 대폭 내리는 등 인터넷 쇼핑몰을 철저하게 이용자 중심으로 변화시켰다. 예를 들어, 라쿠텐이 운영하는 쇼핑몰에 입점하고자 하는 업체들에 대해 입회비와 마진을 무료로 하였으며, 매달 단돈 50만 원으로 업체를 운영할 수 있도록 지원하는 파격적인 우대를 하였다. 또한 판매자들 스스로 그들의 쇼핑몰 사이트를 간편히 만들거나 꾸밀 수 있는 제작 툴을 제공하는 등 다양한 실질적 지원책을 제공하고 있다.[99]

이처럼 라쿠텐은 사업 초기부터 고객이 서비스를 이용하는 데 있어서 불편함을 최소화하는 쇼핑몰 체계를 추구해왔다. 특히 라쿠텐은 입점업체에 쇼핑몰 구축부터 운영 노하우를 체계적으로 교육하는 원스톱 지원체제를 제공하였을 뿐만 아니라 상품 조달, 기획, 홍보, 주문관리 등 업무 절차를 간소화시켜 창업자들이 판매 전략에 집중할 수 있음은 물론 사업에 집중할 수 있는 전자상거래 환경을 만들었다.[100] 그리고 적극적인 마케팅 조사를 통해 변화하는 고객의 요구와 트렌드를 빠르게 파악하고 이를 신속하게 의사결정에 반영한 미키타니 히로시 회장의 필사적인 노력은 라쿠텐이 대기업 쇼핑몰 사이트들을 차례로 누를 수 있는 원동력이 되었다.

라쿠텐은 슈퍼포인트 제도나 라쿠텐 경제권 전략을 통해 다양한 사업분야를 한곳으로 집중시켜 다양한 고객을 유인함으로써 현 고객을 유지하기 위한 다양한 노력을 하였다. 디지털 경제의 가장 큰 특징은 소비자 중심이기 때문에 철저하게 소비자 우선주의에 입각한 고객 이탈 방지전

---

99) 미키타니 히로시, 「라쿠텐 스타일」, 미래의 창, 2016.
100) 김수정, "일본 라쿠텐, 아마존과 알리바바에 도전장", 「비즈니스포스트」, 2010.

략을 수립할 필요가 있고, 특히 오프라인 매장이 아닌 온라인 전자상거래를 기반으로 하는 기업은 소비자가 한 번의 로그인으로 다양한 상품과 서비스를 경험할 수 있도록 하는 소비자 중심의 서비스가 제공되어야 한다. 그리고 소비자의 감성에 만족을 주지 못하는 기업은 디지털 경제에서 계속기업으로서 생존할 수 없다. 따라서 소비자가 특정 플랫폼에서 감동하지 못하거나 스스로 주인의식을 가질 수 없는 경우에 소비자는 언제든지 다른 플랫폼을 선택할 수 있기 때문에, 특정 플랫폼에서 지속적으로 소비자와 공감대를 형성함으로써 고객이 이탈하지 않도록 한 라쿠텐의 이런 제도들은 아주 바람직하다고 볼 수 있다.

미니타니 히로시 회장은 e-커머스는 자판기가 아니라는 생각으로 e-커머스의 새로운 생태계를 창출하였다. 인터넷은 협업의 도구이기에 제조업자가 제품을 만들어 상점을 통해서 고객에게 판매하는 일직선적인 관계가 아니라 제품의 판매 과정에 관련된 파트너 간 서로 지원하고 정보를 교환함으로써 모든 파트너에게 유익한 상황을 창출하는 고리형 관계로 만들어가야 한다는 철학을 바탕으로 라쿠텐은 인터넷을 행복을 만드는 도구로 활용하였다. 기존의 자판기식 비즈니스 생태계를 뛰어넘는 엔터테인먼트 커머스를 추구하는 디스커버리 쇼핑이라는 새로운 생태계를 창출하여 e-커머스의 미래를 준비하고 있다.

산업의 경계가 사라진 산업 생태계에서 라쿠텐은 신속하고도 혁신적인 사고방식을 토대로 새롭게 경영전략을 수립하면서 전통적인 사고방식에서 벗어났다. 그리고 4차 산업혁명으로 새로운 산업 생태계에서 언제라도 경쟁자가 출현할 수 있고, 모방이 가능하기 때문에 라쿠텐은 전통 주력 사업 분야에서 벗어나 새로운 분야로 사업을 확장하고 있다. 이처럼 라쿠텐은 산업 생태계를 잘 이해하고 디지털 생태계 시장에 대한 정확한 예측과 이에 대응하는 새로운 혁신 전략을 수립하였기에 지속적인 성장을 할 수 있었다.[101]

라쿠텐은 정보기술에 기반한 디지털 경제가 급부상하고 있기 때문에 더욱더 소비자와 친밀한 관계를 구축하는 것이 중요하다는 점에 대해 확실하게 인지하고 있다. 향후 디지털 시대가 본격화될수록 소비자의 활동을 분석해서 얻는 데이터가 중요하기 때문에 4차 산업혁명의 과학기술을 통하여 소비자의 활동을 분석할 수 있는 빅데이터가 앞으로 더 중요한 역할을 할 것이다. 따라서 라쿠텐은 빅데이터의 구축과 활용으로 고객들의 행동 패턴을 분석하고 기존고객과 미래 고객관리에 활용하는 전략을 적극적으로 추진하고 있다.

기업혁신 전략 2: 글로벌 가치 창출

라쿠텐의 두 번째 혁신 창출 전략은 기존의 국내 시장의 경계를 뛰어넘는 글로벌 가치를 창출한 것이다. 미키타니 히로시 회장은 진정한 글로벌화에 대해 전 세계를 대상으로 사업 계획을 기획하는 것으로부터

---

101) 유숙인, 이욱, "온라인 시장환경에서 소비자 구매 의도 영향에 관한 사례연구: 한국 옥션과 일본 라쿠텐을 중심으로", 「2004년 한국경영정보학회 추계학술대회논문집」, 2004, pp.734-741.

시작되며, 기업 정신에 글로벌 사고를 침투시켜 기업의 목표를 광범위하게 넓히는 것으로 설명하고 있다. 이를 실행하기 위해 글로벌 시장에 참가해 새로운 상품을 출시하여 이익을 창출하고, 글로벌 우수 인재를 채용하여 활용한다는 것이다. 미키타니 히로시 회장은 신입사원들에게 라쿠텐 입사는 곧 글로벌 기업에 입사하는 것을 의미하며, 앞으로 라쿠텐은 전 세계를 무대로 더더욱 발전해 나갈 것이라고 말하였다.[102]

라쿠텐은 글로벌화를 위한 출발로 일본에서 처음으로 기업의 사내 영어 공용화를 실행하였다. 미키타니 히로시 회장은 영어화(Englishization)를 통해 기존 상황을 타파하고, 속도감 있는 새로운 글로벌 비즈니스를 만들어 갈 것이라는 계획을 가지고 있었다. 또한 라쿠텐은 글로벌 시장에서 필요한 업무 수행의 스피드와 기업 내 상하 관계를 타파하는 실용성이라는 두 마리 토끼를 영어화 실행을 통해 잡으려 하였고, 결과적으로 이를 실현하였다. 더 나아가 미키타니 히로시 회장은 영어 공용화야말로 세계 각국의 우수 인재를 선발하여 라쿠텐이 독창적인 서비스를 제공할 수 있는 글로벌 기업으로 도약하는 데 절대적으로 필요하다고 생각하고 있다.

라쿠텐은 일본 자국 내에서뿐만 아니라 전 세계 어디라도 고객을 유인할 수 있도록 열린 제휴를 추진하는 슈퍼연계 서비스를 지향하고 있다. 특히 이들은 전 세계 가장 많은 전자상거래 고객을 확보하고 있는 중국의 타오바오와 바이두 등과 제휴를 맺고, 태국 및 영국 등 다양한 해외 전자상거래 업체들에 대한 인수를 통해 강력하고 제약 없는 네트

102) 미키타니 히로시, 「라쿠텐 스타일」, 미래의 창, 2016.

워크를 구축하고 있다. 라쿠텐은 지속해서 세계 시장을 상대로 사업을 확장하고 있으며 아시아, 유럽, 미국 그리고 오세아니아 시장에서 서비스를 제공하고 있다.

라쿠텐의 글로벌 가치 창출은 인수를 통해 한층 더 이루어지고 있으며, 해외기업 인수는 라쿠텐이 글로벌 기업으로 성장하기 위한 발판으로써 작용하고 있다. 암치료기술을 개발하는 스타트업 기업인 라쿠텐 메디칼은 2011년에 창업한 미국의 스타트업 아스피리앙 세라퓨틱스가 전신으로 세계 5개국에 8곳의 거점을 가진 바이오 테크놀러지 기업이다. 미키타니 히로시 회장은 라쿠텐 메디칼은 라쿠텐의 기술연구소와의 공동프로젝트를 통해 연구 · 개발부터 상용화까지 일괄하는 글로벌 헬스케어 기업을 목표로 성장하고 있다고 설명한다.

이처럼 라쿠텐은 해외기업 인수의 최대 목표는 신규 고객의 개척으로 생각하고 있다. 일본 시장은 이미 성숙 시장이고 더 이상의 성장을 기대하기 어렵기 때문에 국경을 넘어 새로운 고객을 확보할 수 있는 기업의 성장 전략은 해외기업 인수이다. 해외기업 인수는 글로벌 고객을 확보하는 가치의 창출뿐 아니라 상대적으로 빠른 성장을 주도하고 글로벌 우수 인재를 확보할 수 있게 한다. 라쿠텐 자체 내부성장만으로는 치열한 경쟁에서 경쟁력을 유지하기 어렵기 때문에 해외 인수를 통해 라쿠텐이 글로벌 기업으로 성장할 수 있는 평판, 고객, 인재 등을 확보하는 글로벌 가치를 창출하고 있는 것이다.

성공 요인 1: 기업문화 구축

라쿠텐은 라쿠텐주의에 기반한 라쿠텐 스타일을 구축하였고 이것이 라구텐의 기업문화로 정착되었다. 라구텐주의는 다섯 가지 콘셉트로 구성되어 있다. 첫째, 항상 개선하고 항상 전진한다. 둘째, 철저한 프로 의식을 갖는다. 셋째, 가정-실행-검증을 통해 구조화에 이른다. 넷째, 고객 만족의 극대화를 추구한다. 다섯째, 스피드가 중요하다. 그리고 이러한 라쿠텐주의는 라쿠텐 기업문화의 형성에 근간이 되고 있다.[103]

'오늘은 어제의 나를 이겨야 한다'는 검술 지침서 문장을 회고하면서 미키타니 히로시 회장은 라쿠텐은 최신 기술을 갖고 있더라도 항상 새로운 정보나 아이디어를 바탕으로 기술을 지속해서 진화시켜야 한다고 생각한다. 그 이유는 라쿠텐 구성원 모두는 자신의 방식을 항상 개선하여 고객들에게 새로운 서비스를 제공해야 하기 때문이다. 그리고 라쿠텐에서 프로 의식을 갖는다는 것은 프로가 되라는 것이 아니라, 자부심과 성취감을 위해 전력으로 일에 몰두하는 프로가 되라는 의미로, 라쿠텐 구성원이 정열을 가지고 일에 몰두하면 자신감을 가질 수 있고, 결국 구성원에게 성공과 행복으로 되돌아올 수 있다는 것이다.

항상 개선하고 전진하는 프로가 되려면 개선점을 찾는 습관이 필요하고 이 습관을 몸에 익히는 구조화를 실행해야 한다. 그리고 항상 개선하는 라쿠텐을 만들기 위해 구성원들이 언제나 도전하는 마음가짐을 가질 수 있도록 가정-실행-검증의 과정을 구조화해야 한다. 고객 만족의

---

103) 미키타니 히로시, 「라쿠텐 스타일」, 미래의 창, 2016.

극대화를 위해 고객의 범주를 상품의 제조업자, 출점자, 소비자 등 모든 구성원으로 확장하고 있으며, 미키타니 히로시 회장은 이러한 고객들의 만족을 극대화하기 위한 수단으로 SNS를 적극적으로 활용하고 있다. 라쿠텐은 사내에서 밀도 있는 커뮤니케이션이 중요하기 때문에 스피드를 강조하고 있다. 그 이유는 모든 실패를 사전에 방지하며, 완벽하게 일을 진행하기보다는 빨리 일을 진행하면서 실패했을 때 신속하게 수정해 나가는 방식이 바람직하다고 믿기 때문이다.

이러한 라쿠텐의 기업문화가 빠르게 변화하고 있는 글로벌 사업환경에 접목되고 있다. 라쿠텐은 스마트폰을 사용하는 20~30대가 일본의 현금주의 결제문화를 바꾸고 있다는 점에서 핀테크에 대한 니즈가 많이 증가할 가능성에 주목하고 있다. 일본의 1위 인터넷 쇼핑몰 라쿠텐 시장을 기반으로 라쿠텐 은행, 증권, 카드 등 핀테크 사업을 본격화하고 있다. 2009년 기점으로 야후 재팬의 매출 규모를 라쿠텐 시장이 능가한 것은 핀테크 매출이 크게 작용하였기 때문이다. 핀테크 비즈니스는 쇼핑플랫폼에 기반을 둔 간편 결제서비스로 시작하였는데, 그 이후 쇼핑몰에 결제서비스를 더 추가하고 전자상거래 빅데이터도 구축하였다. 이런 빅데이터를 은행, 증권, 자산관리 비즈니스로 연결함으로써 금융업으로도 발전을 도모할 수 있었다. 즉, 라쿠텐은 라쿠텐 시장이라는 일본의 제일의 쇼핑몰에 고객을 유인함으로써 라쿠텐 카드를 도입하여 은행, 보험, 증권 등 다양한 금융서비스로 이용자를 유인할 수 있었다. 그리고 라쿠텐은 상점 서비스 평가(R-Karte), 쇼핑 페이지 분석(Page Analysis for Merchant), 광고에서 전환율(Conversion Rate: CVR) 분석, 헬프 데스크(Chat Bot) 등과 같

은 빅데이터 분석 도구들을 사업전략 수립에 적극적으로 활용하고 있다.[104]

라쿠텐은 라쿠텐 시장을 비롯한 다양한 사업 분야에서 빅데이터를 확보하고 있다. 라쿠텐그룹은 글로벌 멤버십이 11억 개, 글로벌 연간 총 거래액이 10조 7천억 엔, 진출 국가 190개 국가, 일본 등록 멤버십 9천만 개, 국내 전자상거래 연간 총판매액 3조 엔, 일본에서 비즈니스 사업 수 70개 등이다. 이와 같은 자료는 라쿠텐 슈퍼D/B화되어 있다. 특히 라쿠텐이 설립한 인터넷전문은행 라쿠텐 은행은 온라인 오픈마켓 시장을 기반으로 빅데이터를 활용해 차별화된 서비스를 제공하고 있다. 라쿠텐은 IBM Japan과 협력하여 인공 지능 플랫폼을 구축하고 있는데 라쿠텐은 이미지 인식 기술 및 대용량 데이터 분석 분야에 인공지능을 도입하고 있다. 내부 및 외부 AI 관련 기술과 자체 비즈니스 전문지식을 결합함으로써, AI를 지속적으로 채택함으로써 서비스 품질 향상을 위해 꾸준한 노력을 하고 있다.[105]

---

[104] 김영성, 최석범, "일본 인터넷 쇼핑몰의 물류서비스 품질에 관한 실증연구", 「무역학회지」, 제36권 제1호, 2011, pp.269-294.

[105] 김영성, 최석범, 주혜영, "일본 인터넷 쇼핑몰의 서비스 품질과 성과에 관한 연구", 「국제상학」, 제26권 제2호, 2011, pp.169-189.

성공 요인 2: 임파워먼트 실행

라쿠텐은 e-커머스 전체의 성패는 임파워먼트에 달려 있다고 믿고 있다. 예를 들면 라쿠텐은 어떻게 고객 및 사원에게 임파워먼트할 것인가를, 그리고 임파워먼트가 개인의 성공을 넘어 세상을 바꿀 기회를 창출할 수 있는가에 대해 꾸준히 검토하고 있다.

라쿠텐은 라쿠텐 시장에 출점한 소매업자가 구매 고객과 직접 소통하기를 권장하였고, 구매 고객에게도 출점자와 직접 소통할 것을 추천하였다. 즉 인터넷 쇼핑몰 관리자는 출점한 소매업자들에게 적절한 임파워먼트를 하고 스스로 성장할 수 있도록 지원해 주어야 한다는 생각을 가지고 점포 사이트 디자인, 이메일 연락, 거래 관계까지 임파워먼트를 실행하였다.

그리고 라쿠텐이 강조하는 사원에 대한 임파워먼트는 단순히 편한 복장을 하거나 유연한 업무 시간을 주는 것이 아니라 최고의 업무 성과를 달성하기 위한 기회를 제공하는 것이었다. 라쿠텐은 사원에 대한 임파워먼트를 실행하기 위해 첫째, 어느 정도의 권한이나 재량을 준 프로젝트팀을 만들어 협업을 촉진하였고, 둘째, 치명적인 실패를 막고 만에 하나 실패하더라도 재도전을 가능케 하는 구조를 만들었고, 셋째, 솔직하고 구체적인 아이디어를 제안하고 글로벌한 시각을 구축할 수 있는 영어 공용화를 시행하였다.

미키타니 히로시 회장은 자신 스스로를 임파워먼트하는 것은 타인을 임파워먼트하기보다 더 어렵다고 생각하지만, 자유로이 생각하고 대담한 목표를 세우기 위해서는 스스로를 임파워먼트해야 한다고 주장하고 있으며, 해외에서 공부하는 것도 스스로를 임파워먼트할 수 있는 방법이라고 설명하고 있다. 그리고 세계를 임파워먼트할 필요가 있는데, 그 이유는 고객을 행복하게 하고 구성원에게 의지를 불러일으켜 각자 스스로를 높여 점점 작아지고 있는 세상에서 창조와 번영을 이룩하는 원동력을 창출하기 때문이라고 설명하고 있다.[106]

---

106) 미키타니 히로시, "라쿠텐 스타일", 「미래의 창」, 2016.

참고 문헌

- 김수정, "일본 라쿠텐, 아마존과 알리바바에 도전장". Business post, 2014.9.10.
- 김영성, 최석범, 주혜영, "일본 인터넷 쇼핑몰의 서비스 품질과 성과에 관한 연구", 「국제상학」, 제26권 제2호, 2011, pp.169-189.
- 김영성, 최석범, "일본 인터넷 쇼핑몰의 물류서비스 품질에 관한 실증연구", 「무역학회지」, 제36권 제1호, 2011, pp.269-294.
- 남경화, "한국 중소기업의 중국 전자상거래 시장 진출 전략에 관한 연구", 성균관대학교 석사졸업논문, 2018.8.
- 미키타니 히로시, 「라쿠텐 스타일」, 미래의 창, 2016.
- 라쿠텐 홈페이지, http://www.rakuten.co.jp
- 라쿠텐, 17년간 매출 1800배 늘린 일본 1위 인터넷 쇼핑몰
- 오바라 가즈히로, 「나는 왜 구글을 그만두고 라쿠텐으로 갔을까?」, 북노마드, 2015.
- 유숙인, 이욱, "온라인 시장환경에서 소비자 구매의도 영향에 관한 사례연구: 한국옥션과 일본 라쿠텐을 중심으로", 」2004년 한국경영정보학회 추계학술대회논문집」, 2004, pp.734-741.
- "인생의 최대리스크는 후회" 미키의 즐거운 세상, 라쿠텐. 한국일보, 2018.6.16.
- 조귀동, 백예리, 김창주, "라쿠텐, 17년간 매출 1800배 늘린 일본 1위 인터넷 쇼핑몰", 이코노미조선, 2016.
- 최석범, 임병하, "라쿠텐 사례분석을 통한 한국 전자상거래업체의 발전전략", 「국제상학」, 제32권, 2017, pp.227-247.

- 채인택, "혁신을 일군 아시아의 기업인(2) 미키타니 히로시 라쿠텐 회장", 중앙일보, 2017.4.10.
- 한일재단 일본경제연구센터, "인터넷 비즈니스의 개척자 라쿠텐(楽天)", 「일본 기업 리포트」, 2015년 자체보고서.

11

Entrepreneurship

유니클로, 야나이 다다시

**파괴적 혁신 기업가 및
기업가정신**

Chapter 11. 유니클로, 야나이 다다시[107]

야나이 다다시 회장의 괄목할 성과

　야나이 다다시 회장은 1984년 6월 히로시마에서 유니클로(UNIQLO)의 전신인 Unique Clothing Warehouse를 개점하였다. 인적이 드문 오전 6시에 개점하여 학생들이 등교하면서 필요한 옷을 구매할 수 있는 혁신적 아이디어를 내면서 개점 초부터 유니클로 매장은 장사진을 이루었다. 유니클로는 소비자에게 편하게 부담 없는 독특한(유니크) 옷(클로딩)을 제공하는 철학을 가지고 Unique Clothing Warehouse를 UNICLO로 바꾸었다. 그러나 해외로 보낸 팩스 문서가 흐려 C를 Q로 상대방이 잘못 인식했는데 생각해보니 UNIQLO도 괜찮은 거 같아 지금의 UNIQLO가 탄생하였다.[108] 그리고 유니클로는 1991년 회사명을 패스트 리테일링(Fast Retailing)으로 변경하고, 지주회사 체제로 바꾸었다.

---

107) 박영렬 | 연세대학교 경영대학 교수, yrpark@yonsei.ac.kr
108) 김금화, "일본 어패럴 제조업의 변천 및 침체기의 극복방안과 사례연구", 「일본근대학연구」, 제34권, 2011.

유니클로는 "옷을 바꾸고, 의식을 바꾸고, 세계를 바꿔나간다"[109]의 슬로건을 지향하는 일본 의류 무역 전문 업체 패스트 리테일링(Fast Retailing)의 자회사로 남녀공용 캐주얼 의류, 액세서리, 잡화 등을 판매하고 있다. 유니클로는 시장수요를 적시에 파악하여 고객들에게 품질이 좋은 저렴한 옷을 공급하고 있으며, 유니클로의 창업가인 야나이 다다시 회장은 2019년 포브스지에서 발표한 세계 부자 순위 41위를 차지하였고, 일본에서는 최고의 부자이다.[110]

세계적인 의류 브랜드 유니클로는 상품의 디자인, 제작, 유통 및 판매를 직접 관리하여 생산 비용을 절감함은 물론 높은 품질도 달성하였다. 유니클로는 2018년 한국, 중국, 프랑스, 홍콩, 일본, 말레이시아, 필리핀, 러시아, 싱가포르, 타이완, 태국, 영국, 미국 등 전 세계 16개 국가에 1,500여 개 이상의 상점을 운영하고 있으며, 총 44,400여 명의 직원을 두고 있다.[111]

유니클로의 주가는 〈그림 45〉에서 보여주듯이 2000년부터 2018년까지 상승세를 보인다. 유니클로 주가는 2012년 전까지 소폭으로 상승하였으나 2012년부터 2018년까지 대폭 상승하는 성장세를 보여주고 있다. 하지만 최근 한일관계의 악화로 인해 한국 내에서 불매운동이 시작되면서 2020년 5월 말 현재 6만 엔 수준에 머물고 있다. 〈그림 46〉

---

109) 배명복, [Close-up] 일본 최고 부자 된 야나이 다다시 유니클로 회장 인터뷰, 중앙일보, 2011.
110) 2019년 포브스지에서 발표한 세계 100대 부자 순위.
111) 구글에서 검색한 '유니클로 직원 수.'

은 2000년부터 2018년까지 유니클로의 시가총액 추이를 보여주고 있는데, 2020년 5월 현재, 유니클로의 시가총액도 2000년 초반 1조 3,663억 엔에서 6조 4,222억 엔으로 5배가량 증가하였다.

〈그림 45〉 유니클로 주가 추이

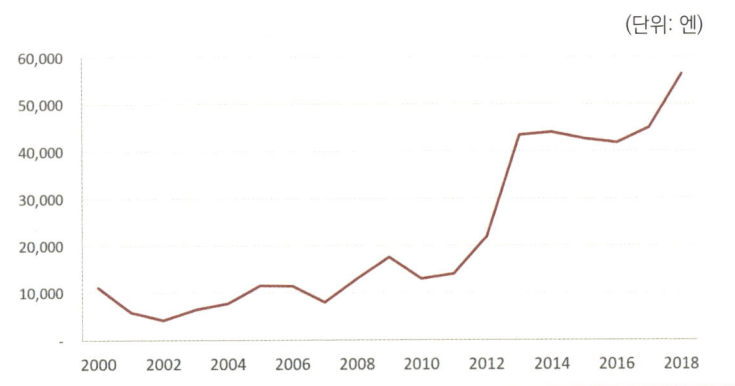

* 자료: Bloomberg Database

〈그림 46〉 유니클로 시가총액 추이

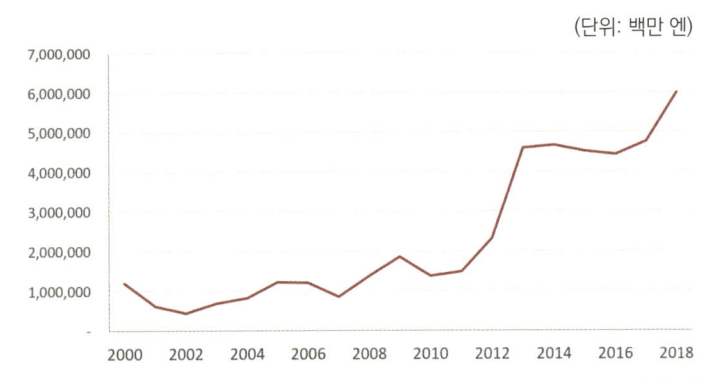

* 자료: Bloomberg Database

〈표 17〉 유니클로 재무실적 추이

(단위: 백만 엔)

연도	매출액	영업이익	순이익	영업이익률	순이익률	매출액 증가율
2002	344,170	50,418	27,850	14.65	8.09	
2003	309,789	41,308	20,933	13.33	6.76	-9.99
2004	339,999	63,954	31,365	18.81	9.23	9.75
2005	383,973	56,692	33,884	14.76	8.82	12.93
2006	448,819	70,355	40,437	15.68	9.01	16.89
2007	525,203	64,963	31,775	12.37	6.05	17.02
2008	586,451	87,493	43,529	14.92	7.42	11.66
2009	685,043	108,639	49,497	15.86	7.27	16.81
2010	814,811	132,378	61,681	16.25	7.57	18.94
2011	820,379	116,365	54,354	14.18	6.63	0.68
2012	928,669	126,450	71,654	13.62	7.72	13.20
2013	1,142,971	134,101	104,595	11.73	9.15	23.08
2014	1,382,935	126,478	74,546	9.15	5.39	20.99
2015	1,681,781	158,656	110,027	9.43	6.54	21.61
2016	1,786,473	127,292	48,052	7.13	2.69	6.23
2017	1,861,917	173,652	119,280	9.33	6.41	4.22
2018	2,130,060	237,052	154,811	11.13	7.27	14.40

* 자료: Bloomberg Database

〈표 17〉에서 보여주듯이 유니클로는 2000년대 초반 매출 3,000억 엔, 영업이익 500억 엔 규모의 기업이었으나, 지난 15년간의 꾸준한 성장에 힘입어 2018년 매출은 2조 1,300억 엔으로 약 7배 성장하였으며 이익은 2,370억 엔을 기록하여 4배 넘게 증가하였다.

〈그림 47〉은 5년간의 재무제표를 기준으로 유니클로의 성장성, 수익성 그리고 안정성을 보여주고 있다. 성장성의 경우 2014년, 2015년 20%대를 유지하였으나, 2017년에는 4.2%까지 하락하는 추세를 보이다가 최근에는 다시 14%의 성장성을 보여주고 있다. 반면 수익성은 큰 변화폭 없이 7~11%를 유지하고 있으며 부채비율은 33~53%의 수준에 머무르고 있다.

〈그림 47〉 유니클로 재무현황

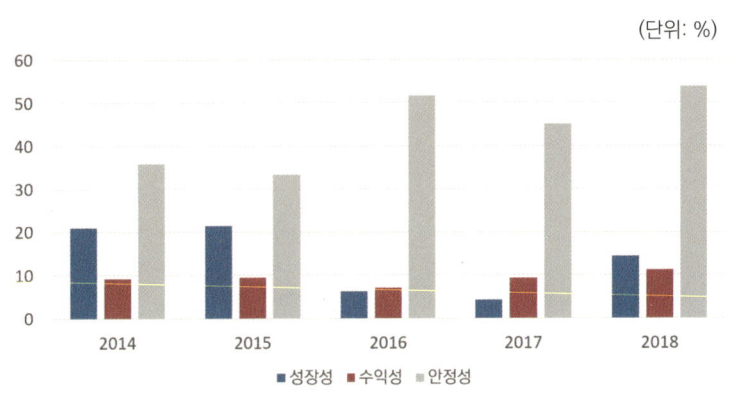

* 자료: Bloomberg Database

기업혁신 전략 1: 저가격과 고품질 동시 창출

유니클로의 첫 번째 혁신 창출 전략은 상반되는 개념인 저가격과 고품질을 동시에 달성한 것이다. 저가격과 고품질의 제품을 생산하기는 쉽지 않지만, 유니클로는 이를 실현하기 위한 부단한 노력을 해왔다. 저가격을 달성하기 위한 비용 절감을 위해 생산 공정을 중국으로 아웃소싱하였고, 유니클로 전용 공장에서 천 제조부터 염색, 프린트, 봉제까지의 공정을 완결시키는 체제를 구축하였다. 그리고 중국산은 질이 안 좋다는 이미지를 탈피하기 위해 품질 관리팀을 중국에 파견하여 공정마다 경험이 많은 기술자들을 투입해 높은 수준의 품질을 유지하였다. 또한 수준 높은 디자이너들의 활동을 통해 가격은 물론 디자인과 품질까지 경쟁력을 제고할 수 있었다. 중국기업이 경영하고 있는 생산 공장과 장기적인 전략적 제휴를 맺음으로써 철저한 생산관리가 가능하였다. 또한 이들 공장은 유니클로와 일체화된 가상회사(Virtual Company)로서 공동으로 부가가치를 창출함은 물론 그에 따른 위험부담과 이익을 함께하는 운명공동체적 관계에 있다. 현재로서는 중국, 태국, 캄보디아, 한국, 베트남, 방글라데시, 인도 등의 7개 국가를 중심으로 70여 곳의 위탁생산 공장을 소유하고 있으며, 75%에 달하는 상품이 중국 내에서 생산되고 있는 실정이지만, 중국 내 인건비 폭등 등의 문제로 중국에서의 생산 비율은 점차 낮아질 전망이다.

유니클로 본사인 패스트 리테일링은 일본을 주요 거점으로 하여 전 세계 시장을 대상으로 대량의 질 좋은 소재 및 원료를 안정적으로 공급받아 대량생산 및 판매를 통한 규모의 경제효과를 활용해 제조원가와 소매가격을 낮추는 데 주력하고 있다. 또한 유니클로는 철저한 재고관리를 통해 비용을 절감하고 있다. 유니클로는 매년 전년도 대비 재고율 감소에 심혈을 기울이고 있으며, 각 점포에서도 항상 재고를 의식하는 야나이식 재고관리를 직원들에게 심어주는 등 본사와 긴밀한 소통을 통해 재고관리에 만전을 기하고 있다.

그리고 저렴한 비용으로 품질을 높이기 위한 전략의 일환으로 도레이와 전략적 파트너십 계약을 맺어 후리스, 히트텍, 사라파인 등 소비자의 잠재적인 니즈에 부합하는 고부가가치 제품 개발에 성공하였다. 유니클로는 하라주쿠점을 개장하면서 일본 아웃도어 의류 업체들이 한 벌에 1만 엔에 팔고 있는 후리스를 일본 최고의 섬유회사인 도레이에서 원료를 사서 인도네시아에서 실로 만든 후, 중국에서 천으로 만듦으로써 고객에게 1,900엔으로 선보여 선풍적인 인기를 끌었다. 품질 좋고 값싼 후리스는 고객들이 유니클로 제품을 싸면서도 품질이 좋은 옷으로 평가하도록 만들기 시작하였다. 후리스에 이어 히트텍의 경우도 유니클로가 도레이와 공동 연구개발팀을 만들어 이루어낸 성과이며 2005년 겨울 시판되어 450만 장이 팔리는 상품이 되었다. 2009년 판매를 시작한 사라파인 역시 도레이, 아사히카세이와의 공동연구를 통해 상품화에 성공한 유니클로의 히트 상품의 하나이다. 이처럼 유니클로는 오픈 이노베이션(Open Innovation)을 통해 신제품 개발을 위한 혁신 활동을 계속해 오고 있다.[112]

  이처럼 좋은 품질과 저렴한 가격을 동시에 창출함으로써 유니클로는 고객에게 만족도를 높여 주었고, 결국 구매력과 충성도를 제고하였기 때문에 급성장할 수 있었다. 상반되는 가격과 품질의 관계를 동시에 만족시킬 수 있었던 것은 저렴한 가격으로 모든 정성을 들여 최고의 옷을 만들어 공급하는 고객에 대해 존경하고 존중하는 유니클로의 마음이, 그리고 고객 만족을 위해서는 단 1초도 소중히 여긴다는 유니클로의 글로벌 No.1 의식이 있었기 때문이다. 또한 일본의 기술력과 중국의 노

---

112) 차병석, 「성공신화 유니클로 회장 야나이 다다시 편」, 성공N신화, 2012.

동력에 더하여 미국 유행 트렌드와의 접목도 유니클로가 이런 시너지를 발휘하는 플랫폼이 되었다.[113]

기업혁신 전략 2: 현장 제일주의 추구

유니클로의 두 번째 혁신 창출 전략은 현장 제일주의를 추구한 것이다. 고객의 수요를 빨리 포착해서 이를 상품화하는 것은 패스트 리테일링의 기본이라고 생각하여 회사 이름도 '오고리쇼지'에서 '패스트 리테일링'으로 바꾸었다. 야나이 다다시 회장이 아버지로부터 물려받은 신사복 매장과 캐주얼의류 매장을 직접 현장 운영하면서 캐주얼 의류 판매의 성장 가능성을 간파하였다. 즉, 일일이 접객하지 않고 다양한 고객에게 의류를 판매할 수 있다는 장래성을 믿고 미국을 비롯한 해외 의류 상가를 직접 견학하면서 부담 없이 원하는 옷을 자유롭게 살 수 있는 창고라는 개념을 창출하였다.

야나이 다다시 회장이 마쓰시다 고노스케 회장의 현장 경영을 유니클로 모토로 내세운 이유는 소매업의 특성상 현장만큼 중요한 것이 없기 때문이다. 야나이 다다시 회장은 한 달에 한 번은 반드시 도쿄 긴자의 유니클로 매장을 방문해서 현장 회의를 진행한다. 이는 경영의 모든 답은 현장에 있다는 것이 야나이 다다시 회장의 생각에서 비롯된 것이다. 유니클

---

113) 김희선, "국내외 SPA브랜드의 마케팅전략 특징 연구", 「한국의상디자인학회지」, 제14권 제1호, 2012.

로가 판매하고 싶어 하는 것보다 고객이 원하는 것을 공급하는 것이 중요하다는 논리이다. 그리고 유니클로는 고객을 "업계는 과거이고, 고객은 미래다. 경쟁업체가 아니라 고객에게 집중해야 한다. 최고로 중요한 것, 가장 많은 것들을 가르쳐주는 것은 고객이다"라고 정의하고 있다.[114]

유니클로의 상품 개발은 평균 1년으로 비교적 길고, 매출이 기대되는 상품의 경우는 시간이 걸리더라도 개량을 거듭하면서 히트 상품으로 육성하는 소품종 대량판매 전략을 구사하고 있다. 우선 기업 내 R&D센터를 통해 기획하고자 하는 상품에 대한 다양한 정보를 수집한다. 이러한 R&D센터는 각 도시에 있는 기업의 매장들과 거래처 등을 통해 세계적인 트렌드와 소비자들의 라이프스타일, 그에 따른 니즈 그리고 소재 등에 대한 최신 정보를 수집 및 분석하여 이를 토대로 매 시즌의 콘셉트를 결정한다. 그리고 세계 4대 도시(도쿄, 뉴욕, 파리, 밀라노)에서도 동시에 디자인 구상을 실행하여 각국 시장에 맞는 상품을 구성하고 편집한다.

야나이 다다시 회장 사무실에는 '가게는 고객을 위해 존재하고, 직원과 함께 번영하며, 점주와 함께 망한다'는 문구가 붙어있다. 그는 "이 문구가 기업 경영의 정수를 가장 잘 나타낸다고 본다"[115]고 말한다. 야나이 다다시 회장의 이러한 가치관을 잘 나타내주는 유니클로만의 특징 중 하나는 매장 내 상품에 대한 권유가 없다는 것이다. 즉, 고객이 매장

---

114) 김성호, 「유니크, 유니클로」, 쌤앤파커스, 2017.
115) 배명복, [Close-up] 일본 최고 부자된 야나이 다다시 유니클로 회장 인터뷰, 중앙일보, 2011.

에 들어서면 직원들은 고객의 요청에 따른 도움이나 정보만을 제공할 뿐 상품에 대한 권유가 없기 때문에 고객은 매장을 자유롭게 둘러보면서도 점원들의 눈치를 볼 필요가 없다는 것이다. 또한 야나이 다다시 회장은 유니클로만이 취하고 있는 특별한 경영전략이 있냐는 인터뷰에서 "우리에겐 독특한 것이 없다. 합리적으로 생각해 누구든 납득할 수 있는 것을 한다. 기업은 한 장소에 머물면 안 된다는 생각은 분명하다. 제자리에 머물면 망하니까 앞으로 나가고, 미래에 맞춰 변화한다. 굳이 있다면 '경영 23개 조' 정도다. 서른 살 무렵 만들어 지금까지 쓰고 있다. 좋은 회사는 전 세계 어느 회사나 같은 원리로 돌아간다고 본다. 좋은 회사의 에센스와 본질을 모아놓은 것이다. 예를 들어 제 1조는 '고객이 원하는 것에 부응해 고객을 창조하는 경영'이다"[116]라며 고객을 창조하는 것이 경영전략이라고 밝혔다.[117]

유니클로는 2005년부터 글로벌 R&D체제를 통해 상품을 개발하고 있다. 소재 기획 단계에서부터 세계 유력 메이커와의 협력은 물론 도레이와의 업무 제휴를 기반으로 신소재 개발을 위한 강력한 글로벌 네트워크를 가동하고 있다. 또한 상품의 종류를 늘리는 대신 되도록 각 상품의 색과 무늬 등에서의 다양성을 추구함으로써 높은 품질의 제품을 대량으로 판매하고자 노력한다. 이는 유니클로만의 특별한 포지셔닝 전략으로써, 생활필수품과 패션의 중간 지점 혹은 양자 모두를 겸할 수 있는 상품 개발을 통해 고객에게 범용성 있는 제품을 공급하고자 하는 데 그 목적이 있다.

---

116) 배명복, [Close-up] 일본 최고 부자 된 야나이 다다시 유니클로 회장 인터뷰, 중앙일보, 2011.
117) 차병석, 「성공신화 유니클로 회장 야나이 다다시 편」, 성공N신화, 2012.

또한 「UMIX」라고 부르는 그룹웨어를 운용하고 있으며, 본부에서 점포로 보내는 각종 통지 등에 활용하고 있다. 특히 2007년 3월부터 사내 블로그인 「사내 정보 웹」의 활용을 확대하고 있다. 향후에는 사용언어를 영어로 하여 해외 점포에서도 이용할 수 있도록 추진할 방침이다. SPA는 기획부터 판매까지 이어주는 툴이 필요하다는 판단에서 판매원으로부터 소비자 정보를 얻어 현장 정보를 살리고 이를 새로운 상품 기획에도 연결하고 있다. 유니클로는 향후 전통적인 SPA로부터 진화한 「정보 발신 SPA」를 목표로 하고 있다.[118]

성공 요인 1: 과감한 도전정신

사업을 하는 사람 중에서 10전 10승이 있다고 생각하는 사람이 있다면, 그건 성공의 기준이 낮은 사람인 것이다. 대부분의 사업하는 사람들은 새로운 것을 시도하지 않기 때문에, 이기는 것은 알아도 지는 것은 잘 모른다. 진짜 사업에서 성공하려면 10번 중에 1번이라도 승리하면 된다는 야나이 다다시 회장은 1승 9패라도 새로운 도전을 계속해서 결국 고객 요구에 맞는 업태, 상품, 매장을 만드는 목표를 가지고 있다. 그에게도 무수히 많은 실패가 있었지만, 9번이나 실패하는 과정에서 실패를 다음 성공의 열쇠로 삼아야 오래갈 수 있기 때문에 UNIQLO는 절대 무너지지 않는다고 생각하고 있다. 물론 UNIQLO에도 1승이 있

---

118) 김주헌, 이상윤, "글로벌 SPA의류브랜드의 한국시장 진출. 유니클로(Uniqlo)와 자라(Zara)", 「국제경영리뷰」, 제13권 제4호, 2010.

었는데 그것은 소비자들이 '생활 속에 UNIQLO가 없으면 안 되겠구나' 라고 인식하기 시작한 것이라고 야나이 다다시 회장은 설명하고 있다. 야나이 다다시 회장은 2009년 "의류는 갑자기 날개 돋친 듯 팔리기도 한다. 그 덕분에 회사가 급성장할 수도 있었다. 그러나 반대로 유행도 사라지고 고객이 차갑게 등을 돌려 팔리지 않게 되는 순간도 빨리 온다. 당시에는 상상할 수 없었던 판매량을 기록하며 명성을 날렸던 후리스도 지금은 팔리지 않는다. 공전의 히트를 날리고 있는 히트텍도 언젠가는 팔리지 않을 것이다. 그래서 항상 새로운 것을 만들어 내야 한다"[119]라고 말하며, 크게 성공했음에도 불구하고 안주하지 않고 항상 도전하고 새로운 것을 시도해야 한다는 것을 강조했다.[120]

실제로 후리스의 성공을 이어가려는 생각에 비슷한 상품을 대량으로 준비해 대량의 재고를 만들어내는 손실을 키웠고, 그 결과 마이너스 성장을 기록하였다. 저렴하고 품질이 좋으면 팔린다는 생각에 좋은 제품을 많이 만들어 냈지만, 상품의 가격이나 품질 이외의 가치를 지속해서 개발해 고객이 사고 싶은 제품을 제공해야 한다는 사실을 망각한 것이다. 후리스의 성공 이후 연구와 개발을 거듭한 끝에 히트텍을 출시하였고, 그 이후에도 계속 연구 개발과 개선을 통해 매년 새로운 가치를 만들어 내는 혁신적 가치의 창출로 이어지고 있다.

---

119) 배명복, [Close-up] 일본 최고 부자 된 야나이 다다시 유니클로 회장 인터뷰, 중앙일보, 2011.
120) 차병석, 「성공신화 유니클로 회장 야나이 다다시 편」, 성공N신화, 2012.

유니클로는 초창기부터 임직원에게서 자발적인 사업 제안을 받았고 그중 하나가 채소 사업이었다. 유노키는 저렴한 신선한 채소를 가정에 공급한다는 생각을 가지고 채소 사업을 시작하였으나 유니클로의 저가격과 고품질 실행에 대한 노하우를 전혀 활용하지 못하고 거듭되는 손실로 결국 2004년 6월 사업을 정리하게 되었다. 이런 유노키의 채소 사업 실패에도 불구하고 야나이 다다시 회장은 2006년 새롭게 출범한 지유 브랜드를 책임질 부사장직을 제안하였고, 우여곡절 끝에 유노키는 적자에 허덕였던 지유를 매출 1조 엔에 도전하는 성장 기업으로 탈바꿈시켰다. 야나이 다다시 회장은 채소 사업을 추진하였던 유노키 사장에게서 비범한 도전정신을 볼 수 있었기에 비록 좋은 결과는 얻지 못했지만 무모해 보일 정도의 과감한 도전을 보였던 인재를 희생양으로 삼지 않고, 새로운 기회를 주는 사례를 만들었다.

성공 요인 2: 끊임없는 혁신

시장 소비자들은 기업이 소비자의 이익과 목소리를 대변하는 기업에 더욱 큰 충성도를 갖게 되기 마련이다. 이에 따라 유니클로가 제공하는 심플하면서도 입기 편하며, 가격의 거품을 뺀 의류 상품에 대한 소비자들의 호감도는 꾸준히 높아졌으며, 이는 궁극적으로 유니클로의 매출 증대에 있어 상당한 기여를 하였다. 결국, 유니클로의 이러한 가격 파괴와 혁신이 있었기에 오늘날의 성공을 맛볼 수 있게 된 것이다.

유니클로의 혁신은 기업가로부터 출발하였으며, 기업가들은 포화 상태의 시장에서 새로운 결합과 기획, 조직, 판매를 유발하여, 이들 간의 균형을 깨뜨려 나간다. 이들은 새로운 생산방식, 새로운 판매시장 개척, 새로운 재화의 생산, 새로운 원료, 새로운 조직을 생성 및 적용함으로써 독점적 우위를 가진 제품들을 만들어 낸다. 이러한 예로써, 지금까지도 우리가 편리하게 사용하고 있는 전구, TV, 계산기, 컴퓨터, 스마트폰 등의 탄생 역시 사업 초기에 주변의 비난에도 불구하고, 자기 확신을 기반으로 한 기업가들의 도전에서 비롯된 것이다. 불확실성이 큰 의류산업 생태계에서 역시 기존 의류 브랜드들은 과시욕이 있는 소비자들의 기호를 무시한 채 브랜드 로고도 없이 허접스럽게 디자인된 옷을 누가 입느냐는 비난이 많았지만, 유니클로는 보기 좋게 이런 편견을 깼다. 결국, 이러한 혁신적 기업가정신은 오늘날 기업이 성공하는 데 꼭 필요한 요인 중 하나인 것이다.

"과거의 성공은 빨리 쓰레기통에 버려야 한다"고 외쳤던 야나이 다다시 회장은 1990년 중반 유니클로에 마이너스 성장세가 나타나자 대기업병을 타파하기 위해 1998년 6월 'ABC(All Better Change) 개혁'을 선언하였다. 고객 관점에서 모든 업무를 재검토함은 물론 비용 절감을 위해 끊임없는 개혁을 추진하기 위해 ABC 개혁이 시행되었으며, 1997년 구축한 데이터 웨어하우스를 활용한 데이터 경영을 확대하였다. 유니클로는 고객을 위한 지속적인 비즈니스 모델 개선, 매장 점장 중심의 판매 모델 구축, 고객 요구에 부응하기 위한 창의적인 제안 도출 등을 통해 끊임없는 혁신을 하고 있다. 결국 이런 혁신의 기저에는 어떻게 하면 고객에게 지속해서 팔릴 수 있는 상품을 만들 수 있을까 하는 유니클

로 전 직원 스스로의 마음이 들어가 있었기 때문에 성과로 결실을 볼 수 있었다.[121]

성공 요인 3: 차별화된 포지셔닝

야나이 다다시 회장은 유니클로 제품의 위치를 생활필수품과 패션 의류의 중간으로 정의하였고, 이를 통해 기존 시장에서 경쟁자들과 제로섬 게임을 하지 않고 새로운 시장과 고객을 창출하였다. 생활필수품 의류는 재래시장이나 대형마트에서, 젊은이나 중장년층을 위한 패션 브랜드는 별도의 매장에서 구입할 수 있었지만, 남녀노소가 모두가 입을 수 있는, 어느 정도 패션 감각을 가지면서도 가격이 저렴한 베이직 캐주얼 의류는 큰 시장에 비해 간과되고 있었다. 그리하여 유니클로는 특정 고객층에 치우쳐 있지 않고 주 고객층이 따로 없는, 모든 사람이 좋은 캐주얼을 입을 수 있는 새로운 기업으로 포지셔닝 하였다.

유니클로는 그동안의 성공 경험을 바탕으로 공격적으로 1997년 스포츠형 캐주얼을 판매하는 스포클로(SPOCLO)와 여성복과 아동복을 판매하는 패니클로(FAMICLO)라는 매장을 개점하였으나, 1년 만에 일부 매장을 폐쇄하고 일부는 유니클로 브랜드로 전환하였다. 스포클로와 패미클로는 어중간한 상품 구색으로 고객 만족을 끌어내지 못하는 차별화에서 온 실패였다고 볼 수 있다.[122]

---

121) 김성호, 「유니크, 유니클로」, 쌤앤파커스, 2017.
122) 차병석, 「성공신화 유니클로 회장 야나디 다다시 편」, 성공N신화, 2012.

최신의 유행을 따라 상품화하는 데 집중하는 ZARA나 H&M 등의 경쟁사에 비해 유니클로는 기능성을 강조하는 기본 상품 중심의 제품 포트폴리오를 구성하고 있다. 제품의 원단과 소재의 대량 구매 및 아웃소싱을 통한 저렴한 생산 비용의 유지를 기반으로 유행에 상관없이 수시로 편하게 입고 다닐 수 있는 제품을 저렴하게 판매하고 있는 것이다. 따라서 다양한 디자인보다 신소재 개발을 중심으로 한 R&D에 총력을 기울이고 있다. 더 나아가 유니클로는 ZARA와 H&M의 가치를 결합한 새로운 가치를 창출해 내기 위해 원자재에 대해서는 전략적 파트너십을 맺은 업체를 통해 본사에서 직접 구매하고, 생산 공장은 아웃소싱으로 진행한다. 또한 이러한 생산 공장에 대해서는 본사에서 파견한 타쿠미(Takumi)를 두어 현장의 기술지도 및 품질을 관리한다. 이는 외주의 형태를 띠면서도 전 과정을 본사에서 직접적으로 관리하는 방식으로써 ZARA와 그 생산방식이 유사하다. 반면, 물류센터와 선박 및 철도 등을 두는 점은 또 다른 경쟁사인 H&M과 흡사하다고 할 수 있다. 하지만 유니클로는 경쟁사들이 일반적으로 의류 상품을 디자인하고 생산하는 데까지 2~3주가 걸리는 데 비해 약 1년 정도를 소요한다. 이는 그들만의 더욱 세심한 디자인과 생산계획 그리고 R&D를 통한 신소재 개발 등을 바탕으로 고객에게 차별화된 가치를 전달하고자 하는 그들의 철학이 담겨있기 때문이다. 이처럼 유니클로는 같은 의류 산업에서도 경쟁사와의 차별화 전략을 실행해 자신만의 우위를 창출하고 있다.

참고 문헌

- 고은별, 최경란, "체험마케팅을 적용한 라이프스타일 샵의 VMD에 관한 연구-Ikea, 무인양품, Kosney의 VMD 사례분석을 중심으로", 「기초조형학연구」, 제10권 제6호, 2009, pp.29-37.
- 김금화, "일본 어패럴 제조업의 변천 및 침체기의 극복방안과 사례연구", 「일본근대학연구」, 제34권, 2011.
- 김성호, 「유니크, 유니클로」, 쌤앤파커스, 2017.
- 김주헌, 이상윤, "글로벌 SPA의류브랜드의 한국시장 진출. 유니클로(Uniqlo)와 자라(Zara)", 「국제경영리뷰」, 제13권 제4호, 2010, pp.271-297.
- 김희선, "국내외 SPA브랜드의 마케팅전략 특징 연구", 「한국의상디자인학회지」, 제14권 제1호, 2012, pp.131-150.
- 박영은, 박영은, 이동기, "글로벌화에 대한 철학을 옷에 담다, 유니클로(UNIQLO)", 「Korea Business Review」, 제16권 제4호, 2012, pp.55-84.
- 이동기, "글로벌화에 대한 철학을 옷에 담다, 유니클로(UNIQLO)", 「Korea Business Review」, 제16권 제4호, 2012, pp.55-84.
- 이호정, "유니클로 순익 '46.3%' 일본 기업 몫", Paxnet news, 2019.7.15.
- 오수진, 김영롱, 나건, "국내 라이프스타일 브랜드를 위한 컨셉 개발 방향 제안 연구-일본 라이프스타일 브랜드 사례를 중심으로", 「산업디자인학연구」, 제7권 제4호, 2013, pp.21-30.
- 유니클로 홈페이지, https://store-kr.uniqlo.com

- 장서연, 박재기, "글로벌 SPA 브랜드 가치제안 요소가 소비자-브랜드의 관계, 태도 및 충성도에 미치는 영향: ZARA, H&M, UNIQLO를 중심으로", 「국제경영리뷰」, 제19권 제1호, 2015, pp.119-142.
- 차병석, 「성공신화 유니클로 회장 야나이 다다시 편」, 성공N신화, 2012.
- Ko, E. J., & Lee, J. H., "Case study of color marketing for fashion industry", 「Journal of Fashion Business」, 7(1), 2003, pp.55-71.

12

Entrepreneurship

무인양품,
쓰스미 세이지 · 마쓰이 타다미쓰

**파괴적 혁신 기업가 및
기업가정신**

Chapter 12.
무인양품, 쓰쓰미 세이지 · 마쓰이 타다미쓰[123]

쓰쓰미 세이지·마쓰이 타다미쓰 회장의 괄목할 성과

 세이유 그룹의 창업가 쓰쓰미 야스지루 회장이 1964년 사망하면서 회사의 핵심 부문인 부동산과 철도 산업을 이복동생 쓰쓰미 요시아키 회장이 물려받게 되었고, 쓰쓰미 세이지 회장은 1966년 이류 백화점이었던 세이유 백화점을 운영하게 되었다. 그리고 쓰쓰미 세이지 회장은 1980년 12월 세이유(SEIYU)의 프라이빗 브랜드인 무인양품(MUJI)을 특별한 마케팅 없이 40품목을 가지고 출범하였다. 그러나 일본에서 부동산 버블이 붕괴하면서 그룹의 핵심이었던 세이유 백화점이 경영 부진에 빠져 1992년 세이유 백화점 대표직을 사임하였고, 결국 2000년 경영일선에서 은퇴하였다. 그리고 2001년 마쓰이 타다미쓰가 무인양품 사장에 취임하여 38억 엔 적자의 위기에 놓인 무인양행의 최고 이익을 실현시키며, 2008년 회장으로 취임하였다. 2015년 회장으로 취임한 가나이 마사아키 회장은 품목 7천여 개를 28개국 매장에서 판매하는 글

---

123) 박영렬 | 연세대학교 경영대학 교수, yrpark@yonsei.ac.kr

로벌 기업으로 무인양품을 성장시켰다. 3대 회장에 걸쳐 30년간 무인양행이 위기를 겪으면서도 지속 성장할 수 있었던 것은 '이유 있는 가격'을 주창하며 합리적인 가격과 좋은 품질의 심플하고 아름다운 상품으로 고객의 사랑을 받아왔기 때문이다.

쓰쓰미 세이지 회장은 1983년부터 전용매장을 전국으로 확대하기 시작하면서 좋은 상품이란 무엇인지 자신에게 끊임없이 물었고, 훌륭한 생산파트너들과 좋은 관계를 유지하고 소비자 관점에서 새로운 가치를 제공할 수 있도록 다양한 상품을 제공해야 한다고 생각하였다. 그리고 무인양품은 상품의 본질에 충실하기 위해 미니멀리즘을 뛰어넘는 비움의 경지까지 파고드는 기본 철학을 꾸준히 지켜옴으로써 브랜드에 관한 기존 이론을 완전히 바꾸었음은 물론, 브랜드 확장을 경고한 수많은 브랜드 전문가에게 새로운 면모를 보여주고 있다.

무인양품은 2000년대 초반 1,156억 엔의 매출과 134억 엔의 영업이익을 기록하면서 성장세가 주춤하였지만 2005년부터 꾸준히 성장하여 2018년 매출액은 3,788억 엔, 영업이익은 426억 엔을 기록하면서 2000년도 초반과 비교해 3배에 가까운 매출과 영업이익을 달성하였다. 무인양품의 시가총액 역시 1,230억 엔에서 2020년 5월 현재, 4,574억 엔으로 4배가량 증가하였다.[124]

---

124) 무인양품의 재무제표 관련된 수치는 Bloomberg Database를 참고하여 작성.

2000년부터 2018년까지의 무인양품의 주가 변화는 〈그림 48〉을 통해 살펴볼 수 있다. 특히 2000년부터 2002년까지 주가가 폭락하면서 무인양품의 시대가 끝났다는 이야기가 나오는 위기를 맞게 되었다. 일본의 불황기 동안 급성장하였던 무인양품은 구성원의 자만으로 대기업병에 걸리기 시작하였고, 단기적 대책의 반복과 실패가 거듭되었다. 또한 사업영역의 급속한 확대로 유니클로, 니토리, 다이소 등과 같은 다양한 사업 분야의 리더들과 치열한 경쟁을 벌여야 하는 어려움이 있었다. 2001년 마쓰이 타다미쓰 회장이 무인양행의 개혁을 펼치면서 2005년까지 주가는 소폭 상승하였으나 다시 2008년까지 하락하였다. 그러나 그 후 2009년부터 다시 소폭 상승하는 추세를 보이다가 2012년부터 2017년까지 대폭 상승하는 성장세를 보인다. 〈그림 49〉는 무인양품의 시가총액 추이를 보여주고 있는데, 2000년대 초 1,229억 엔에서 2018년 말에는 7,455억 엔으로 크게 늘었으나 최근 주가하락으로 2020년 5월 현재, 4,574억 엔을 시현하고 있다.

〈그림 48〉 무인양품 주가 추이

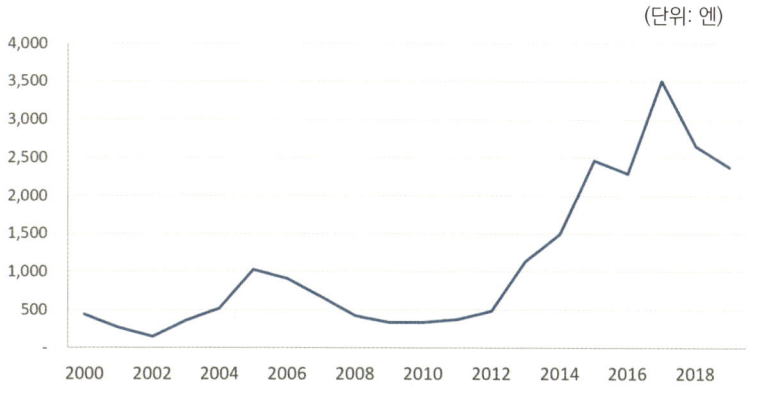

* 자료: Bloomberg Database

〈그림 49〉 무인양품 시가총액 추이

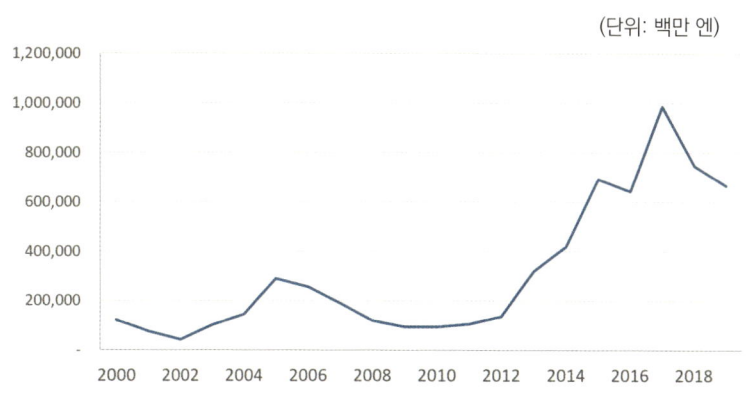

* 자료: Bloomberg Database

##〈표 18〉 무인양품 재무실적 추이

(단위: 백만 엔, %)

연도	매출액	영업이익	순이익	영업이익률	순이익률	매출액증가율
1999	93,226	9,388	4,413	10.07	4.73	23.13
2000	1,069,59	13,437	5,879	12.56	5.50	14.73
2001	1,152,66	11,588	5,688	10.05	4.93	7.77
2002	119,188	5,514	13	4.63	0.01	3.40
2003	114,324	6,750	2,350	5.90	2.06	-4.08
2004	119,189	8,790	4,695	7.37	3.94	4.26
2005	127,836	11,478	6,347	8.98	4.97	7.25
2006	140,185	15,234	9,344	10.87	6.67	9.66
2007	156,204	16,582	9,313	10.62	5.96	11.43
2008	162,060	18,579	10,689	11.46	6.60	3.75
2009	162,814	17,223	6,936	10.58	4.26	0.47
2010	163,733	14,134	7,506	8.63	4.58	0.56
2011	169,137	13,900	7,859	8.22	4.65	3.30
2012	177,532	15,438	8,850	8.70	4.99	4.96
2013	187,693	18,351	10,970	9.78	5.84	5.72
2014	220,029	20,916	17,096	9.51	7.77	17.23
2015	259,655	23,846	16,623	9.18	6.40	18.01
2016	307,199	34,439	21,718	11.21	7.07	18.31
2017	332,581	38,278	25,831	11.51	7.77	8.26
2018	378,801	45,286	30,113	11.96	7.95	13.90
2019	408,848	44,743	33,845	10.94	8.28	7.93

* 자료: Bloomberg Database

무인양품은 2004년 한국에 상륙하여 의류잡화, 생활잡화, 식품 등을 판매하고 있으며, 15개 점포에 불과하였던 2015년에 비해 2018년에는 온라인 점포를 포함하여 점포를 35개로 늘렸다. 서울 영풍문고 종로 본점에 국내 최대규모 매장을 열었고, 2018년 2월 신촌점에는 카페와 서점을 입점시켜 젊은 층에 문화생활까지 제공하고 있으며, 2019년에는 수도권 외 지역을 중심으로 10개의 점포를 추가함은 물론 2020년까지 대규모 무인양품 플래그십 스토어를 최대 20개가량 개장할 예정이다.

〈그림 50〉은 무인양품의 최근 5년간의 재무제표를 기반으로 기업의 성장성, 수익성 그리고 안정성에 대해 보여주고 있다. 2014년, 2015년의 매출 증가율은 15% 정도를 유지하였고, 2017년에는 8.26%까지 하락하는 추세를 보이다가 최근 다시 13.9% 성장성을 유지하고 있다. 반면 수익성 면에서는 큰 변화 없이 15% 미만의 수익성을 유지하고 있으며, 부채비율은 21~31%의 수준을 유지하고 있다.

〈그림 50〉 무인양품 재무현황

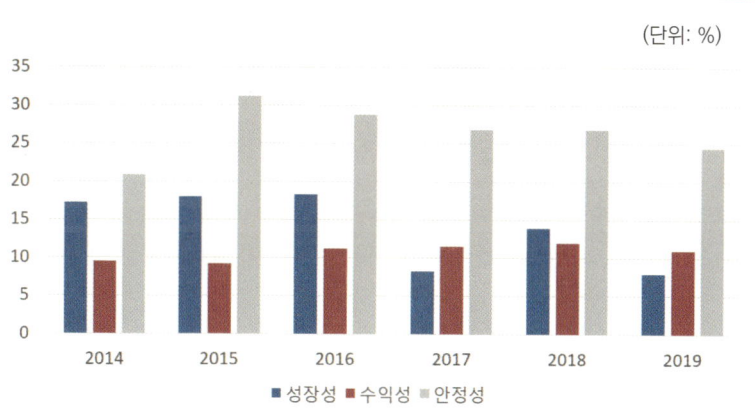

* 자료: Bloomberg Database

기업혁신 전략 1: 차별화된 가치 창출

무인양품의 첫 번째 혁신전략은 기존의 상식을 부인하는 안티테제를 통해 차별화된 가치를 창출한 것이다. 무인양행은 1980년 일본 거품 경제의 절정기에 브랜드의 상표에 의존하지 않는 노 브랜드(No Brand)로 출범하였다. 무인양품 상품에는 브랜드명이 없지만, 매장에는 무인양품이라는 브랜드명이 표시되어 있다. 무인양품의 태그에는 상품명 등 기본정보와 상품을 선택하여야 하는 이유가 적혀 있지만, 디자이너에 관한 정보는 없다. 무인양품은 선택과 집중을 하지 않고 복식잡화, 생활잡화, 식품 등 수많은 분야의 상품을 가지고 있다. 무인양품은 기업의 성장과 경쟁을 추구하기보다는 더 나은 삶을 위한 현명한 소비를 추구하고 있다.

무인양품(無印良品)의 일본식 발음은 무지로시쇼힝(むじるししょうひん)으로 없음(無)을 뜻하는 무지(むじ)의 영어식 표기법으로써 브랜드 이름에서부터 무인양품은 '없음의 미학'을 실현하고자 하였다. 무인양품은 하라 켄야가 제시한 '비움 = 공(空; emptiness)'의 철학을 기반으로 환경 및 사회적 의미를 가미한 새로운 가치를 창출하였다. 그리고 무인양품은 지역성과 전통적 요소들을 기반으로 생태계의 보존, 자연과의 조화 그리고 지역 수공예 생산자 지원 등 기업의 사회적 가치 실현을 우선시하는 동시에 해외 시장에서의 로컬리티(locality)와 전통(tradition)적 가치관을 존중하였다. 이와 더불어 소비자 관찰, 주변 일상생활에서의 문제점 발견, 지식 공유 그리고 이해관계자와의 개방된 소통 등을 꾸준히 추구해 나가고 있다.

무인양품의 총체적 콘셉트는 노 브랜드(No Brand)라 할 수 있다. 창업 멤버 중 하나였던 그래픽 디자이너 다나카 잇코(Tanaka Ikko)는 노 브랜드 굿즈(No Brand Goods)를 신조로 삼고, 무인양품을 기존의 브랜드를 거부하는 혁신적인 콘셉트로 바꾸어 놓았다. 지금까지도 무인양품은 개성이나 유행을 따르지 않고 각 상품의 상표에 대한 인지도를 가격에 반영시키지 않고 있다. 결국, 무인양품은 환경을 먼저 생각하고, 소비사회의 미래를 우선시한다는 점에서 다른 기업들과는 차별화된 전략을 통해 상품을 판매해 오고 있는 것이다.

지난 30년 동안 몇 번의 어려움을 겪었음에도 불구하고 쓰쓰미 세이지, 마쓰이 타다미쓰, 가나이 마사아키로 이어지는 3대 회장에 걸쳐 실행되는 노 브랜드(No Brand), 노 디자인(No Design), 노 마케팅(No Marketing)의 3대 원칙의 변함없는 실행은 무인양품이 차별화된 가치를 창출할 수 있는 원천이 되고 있다.

기업혁신 전략 2: 원칙 있는 혁신 추진

무인양품이 설립되었던 1980년대 당시 "이유가 있어 싸다"는 슬로건을 내세워 경쟁사 대비 저렴한 가격으로 상품을 판매하기 시작하였다. 이를 위해 무인양품은 '소재의 선택', '공정의 점검', '포장의 간략화'라는 3대 핵심 전략을 실행하였다. 무인양품은 세계 각국에서 발견한 다양한 원료와 대량확보가 가능한 제철 소재를 활용하는 '소재의 선택'을 통해 합리적이고, 높은 품질의 상품을 생산하고자 노력하였다. 또한 하나의 상품이 만들어지기까지의 프로세스를 철저하게 점검하여 무인양품은 상품을 만들 때 필요한 공정만을 살려 원가를 절감하는 '공정의 점검'을 실행하였다. 무인양품은 포장 역시 간략하게 진행하고, 상품 본래의 색상이나 모양 등을 그대로 살리고자 노력하는 '포장의 간략화'를 실천하였다. 실제 무인양품의 패키지는 단순한 포장으로 상품의 설명만 간략하게 인쇄되어 있는 것을 볼 수 있다.

이처럼 무인양품은 상품 본연의 아름다움을 살리는 동시에 자원을 절약하고, 환경보호를 실천해 나가고 있다. 그리고 무의미한 생산과정을 생략하고, 새로운 소재와 가공기술을 도입해 합리적인 가격대와 그들만의 아름다움을 만들어 내려는 무인양품의 꾸준한 노력은 고객들로부터 점점 더 큰 사랑을 얻을 수 있게 하였다.

이런 원칙에 근거한 끊임없는 혁신은 4차 산업혁명 시대를 맞이한 무인양품에게 새로운 변화를 불러일으켰다. 제품의 시대에서 플랫폼의 시대로 제품 판매 및 구매에 대한 환경이 급속하게 변화하면서 소비자들은 다양한 제품을 시간과 공간의 제약을 뛰어넘어 온라인으로 손쉽게 구매할 수 있게 되었다. 그러나 무인양품은 단순한 온라인 판매를 넘어 플랫폼을 통해 소비자를 유인하는 혁신을 시도하고 있다. 예를 들면 무인양품은 직접 생산하지 않는 제품들에 대해서도 품질을 보증해 주는 플랫폼 역할을 자처하며, 품질 중심의 콘셉트를 뿌리내리고 있다. 동일한 제품이 타사 제품보다 높은 가격임에도 불구하고 높은 판매율을 보이는 이유는 품질 보증이 뒷받침된 무인양품 특유의 플랫폼에 소비자들이 열광하기 때문이다. 무인양품의 플랫폼은 소비자가 매장에 더 오래 머물게 하여 결국 구매하게 만들고 있다. 이와 같은 매력적인 플랫폼으로서의 무인양품의 새로운 역할은 소비자의 제품 구매에 대한 충성도를 지속적으로 높여주고 있다.

성공 요인 1: 구조화의 실행

"노력하면 성과를 낼 수 있는 구조를 고민해야 하는 자가 리더다"[125]는 무인양품의 2대 회장인 마쓰이 타다미쓰의 주장이다. 즉 성공적 수행을 위해서 '실행이 95%, 계획이 5%'라는 주장을 바탕으로 2류 계획이라 할지라도 먼저 실행하고, 그 과정에서 수정해 나갈 것을 독려하였다. 그리고 무인양품에서는 신규출점과 같은 대형 안건이라도 제안서는 무조건 A4 한 장이다. 외부적으로 부동산의 거품이 꺼지고 내부적으로 그동안의 성공에 대한 안주로 2001년 무인양품은 38억 엔 적자로 사상 최대 위기를 맞이하면서 마쓰이 타다미쓰 회장은 구조를 바꾸어야 한다는 신념을 앞세워 임금 조정이나 인력감축의 방법이 아닌 근본적인 구조를 바꾸기 위해 다양한 노력을 기울였다.

마쓰이 타다미쓰 회장이 첫 번째로 시행한 것은 상품 운영 및 재고 관리에 대한 구조적 변경이었다. 이를 위해 무인양품의 직영 매장들을 돌아보기 시작하면서 대대적인 구조적 변화를 끌어내고자 노력하였다. 일부 매

---

125) 마쓰이 타다미쓰, 「무인양품은 90%가 구조다」, Momentum, 2014.

장에서 여전히 전년도 제품을 팔고 있는 것을 보고는 3년 치 약 38억 엔어치의 재고품을 직원들 앞에서 모두 불태워 버렸는데, 이는 그동안 무인양품이 수익을 내는 데 급급하고 과다 생산 후 덤핑 판매를 통해서라도 이익을 내려는 매장 분위기를 바꾸려고 하였던 것이었다. 또한 기존의 과잉 생산하던 운영기준을 바꾸고자 하였는데, 이는 신제품 운영의 경우 출시 3주 후 목표 판매액의 30%가 넘는 제품들만 선별적으로 추가 생산하고, 판매 부진 제품은 모두 디자인 변경 또는 재고로 소진하도록 조치하였다.

이런 신속한 의사결정과 추진력은 조직의 전략실행 속도를 단축하여 과거 전략기획에서 매장 실행까지 일주일이 걸리던 시간을 한 시간으로 단축해 전날 완료된 전략기획은 다음 날 바로 담당자가 각 매장에서 실행할 수 있게 되었다. 결국 무인양품은 이처럼 간소화된 프로세스로 인해 신규 매장 성공률이 과거 20%에서 80%까지 향상되는 쾌거를 이루게 되었다. 또한 전산 시스템의 확대 및 활용을 통하여 판매 데이터를 빠르고 정확하게 취합하고 분석할 수 있는 노력도 하여 공급과 재고관리에 있어서도 의사결정 속도를 향상시켰다. 무인양품은 소비자들에게 정말로 필요한 상품을 만들어야 하는 것을 전제로 회사원 개개인의 역량보다는 시스템에 의해 운영되는 구조를 만들고자 하였다. 이는 결국 무인양품에서는 누가 되었든 기업에 새롭게 들어와도 효율적으로 일을 할 수 있게 함은 물론, 이런 시스템을 직원들 스스로가 만들고 개선할 수 있는 구조를 만들어가고자 한 것이다.

이처럼 무인양품은 구조화를 통해 첫째, 지혜를 공유할 수 있고, 둘째, 표준을 정해놓으면 스스로 움직일 수 있고, 셋째, 상사의 등만 보는 문화와 결별할 수 있고, 넷째, 팀원들이 한곳을 바라볼 수 있고, 다섯째, 업무의 본질을 되돌아볼 수 있다고 생각하고 있다. 따라서 무인양품은 고객이 어느 매장에 가도 같은 상품을 구매하고 같은 서비스를 받을 수 있는 최소한의 기준을 마련하기 위해 현장에서 '무지그램'을, 본사에서는 '업무기준서'를 만들어 경영부터 상품 개발, 매장 디스플레이와 접객에 이르기까지 모든 일의 노하우를 현장에서의 지혜를 모아 지속해서 업데이트하고 있다. 그리고 무인양품은 개인 차원에서도 '무지그램' 작성을 권장하고 있다.[126]

성공 요인 2: 열린 소통 실행

무인양품이 밝힌 상품을 만드는 목적은 단순히 '이것이 좋습니다'라고 고객의 감정에 기반한 판매가 아니라 고객에게 '이것으로 충분합니다'라는 이성적 만족감을 선사하기 위함이었다.[127] 무인양품의 커뮤니케이션 전략은 광고를 통해 그들의 메시지를 직접적으로 드러내기보다 빈 그릇과 같이 텅 비어 보이게 하는 간접적인 방법을 통해 메시지를 전달하고 있다. 일반적인 커뮤니케이션 전략은 일방적인 정보의 전달을 목적으로 하고 있다면, 무인양품의 전략은 메시지가 아닌 빈 그릇을 내보임으로 소비자에게 무인양품의 이미지를 스스로 이해하고 판단하여 자연스럽게 받아들이게 하는 것이다. 이처럼 특별한 마케팅이나 광고 없이 글로

---

126) 마쓰이 타다미쓰, 「무인양품은 90%가 구조다」, Momentum, 2014.
127) 김미리, "패션브랜드 무인양품(無印良品)의 철학 만들어", 조선일보, 2009.

벌 시장에서 30년 동안 지속적 성장을 이어가고 있는 무인양품에 대한 사회의 관심은 점점 더 뜨거워지고 있다.

고객과의 소통을 중요시한 무인양품은 상품 태그(라벨)에 상품 소재, 가격, 개발 배경 등을 설명하고 있다. 이와 같은 고객과의 소통은 상품명으로 이루어지고 있다. 예를 들면 무인양품의 히트 상품이 된 '누락 목화솜 이불'의 경우, 상품명을 통해 방글라데시에서 방적 공장의 제조 과정에서 기계 밖으로 비어져 나온 자투리 솜을 이용해 만든 이불이라는 상품의 유래를 설명해 주고 있다. 또한 무인양품은 해외 매장 입구에 '무지란 무엇인가(What is MUJI?)'를 설명하는 안내판을 걸어 고객에게 무인양품의 세계관을 소개하고 있다.

무인양품은 사내 소통을 위해서 인사는 커뮤니케이션의 기본이라고 생각하여 점포뿐만 아니라 본사에서도 인사 습관을 철저히 시행하고 있다. 무인양품의 임원은 매일 아침 교대로 인사 당번을 정해 엘리베이터 홀에 서서 출근하는 사원들에게 인사를 하고 있다. 그 이유는 구성원 간의 인사는 신뢰를 쌓이게 하고 더 나아가서는 불량품 발생을 대대적으로 막는 결과로 이어질 것이라는 믿음이 있기 때문이다.[128]

무인양품은 새로운 아이디어를 개발하기 위해 다른 회사 사람을 초청해 워크숍을 열거나 내부 연구 모임을 지속적으로 개최하고 있다. 무인양품의 얼굴인 상품 태그의 종류는 전체 203가지로, 일본 내외의 27개 회사에 제작을 의뢰하였으며, 제작비도 상당히 많이 들었다. 그러나 워

---

[128] 마쓰이 타다미쓰, 「기본으로 이기다」, 위즈덤하우스, 2017.

크숍을 통해 상품 태그를 98종류로 축소하고 제작 회사도 2개로 줄였으며 2억 5천만 엔, 약 50%의 경비를 절감할 수 있었다. 무인양품은 '내 그릇보다 큰 조직이 생기지 않는다'라는 생각을 가지고 구성원들이 다른 문화를 접할 수 있는 환경을 조성할 필요가 있으며, 이런 책무는 리더에게 있다고 생각하고 있다.

성공 요인 3: 공유가치 추구

무인양품에서 판매되는 상품은 독자적으로 기획한 것으로, 기본적으로는 무인양품의 점포에서만 구매할 수 있다. 그러나 무인양품은 순수한 제조업도 유통업도 아닌 제조 소매업이기 때문에 생산은 외주를 주지만 품질 관리는 철저히 하고 있다. 이를 위해 무인양품은 생활자와 생산자를 연결하는 정보 플랫폼의 역할을 하고 있으며, 여기서 생활자란 소비하는 사람이 아니라 생활의 지혜, 생활하면서 힘들거나 행복한 점, 만족스러운 점 등을 제공하는 일반적인 생활하는 사람을 의미한다.

무인양품이 지향하는 플랫폼에 대해 가나이 회장은 "무인양품의 전략은 매우 단순합니다. 이는 다름 아닌, '도움이 되자'는 것입니다. 그러므로 그 전략에 다양한 테마를 연결할 수 있습니다. 거기에 필요한 아이디어를 내서 시스템화하는 일을 앞으로도 계속하고 싶습니다. 지금 우리는 '로컬에서 시작되는 미래'라는 테마의 활동을 추진하고 있습니다. 조만간 지방이 몰락할 것이라는 이야기가 회자되고 있습니다. 빈집 문제도 심각하면 지방에는 셔터가 내려진 거리 또한 즐비합니다. 우리는 소위 CSR 활동을 하지 않겠다고 선언했지만 대신 사회적 활동을 열심히 하는 사람을 소개하려 합니다. 특히 지방이 어려운 요즘, 지방을 살리기 위해 열심히 활동하는 사람을 소개했습니다. 글로벌화와 도시화가 진행되는 와중에 우리는 매우 중요한 것을 잃어버린 것 같습니다. 지방에는 아직도 자연과 공동체 등 좋은 가치가 남아 있습니다. 지방은 스스로 달라질 수 있다고 믿습니다. 그런 가치관을 세상에 제시하여 세상이 달라진다면 좋을 것이고, 무인양품이라는 브랜드도 신선도가 유지되리라 생각합니다"라고 이야기하고 있다.[129]

이처럼 무인양품은 사회적 공유가치를 찾아서 질문을 던지고 반걸음 앞서 나가는 플랫폼을 구축하고 있다. 인구 감소로 인한 지방 쇠퇴를 막아보자는 무인양품의 활동은 향후 선진국에서도 참고될 수 있고 글로벌하게 확대될 수 있다. 또한 현재 성장하고 있는 중국과 같은 신흥 성장 국가가 지방 쇠퇴를 미연에 방지할 수 있는 지혜를 얻을 수 있다. 무인양품은 '상업'으로 사회에 공헌하겠다고 선언하였고 생활자뿐만 아니라 생산자에게도, 구성원을 포함한 사회에도 '느낌 좋을 만큼'의 가치를 제공해야 한다는 생각을 하고 있다.

무인양품홈페이지에는 가지 좋은 일'이 있고 하나의 예가 'MUJI X JICA 프로젝트'이다. 이 프로젝트는 개발도상국의 빈곤 감소와 여성 자립을 도울 목적으로 무인양품과 국제협력기구인 JICA가 2010년 공동으로 개발한 프로젝트이다. 무인양품은 JICA의 개발도상국 대상 일촌

---

129) 마스다 아키코, 「무인양품 보이지 않는 마케팅」, 라이팅하우스, 2016.

일품 운동의 일환으로, 무인양품은 지역 특산물을 활용한 키르기스탄의 펠트 직물과 케냐의 소프스톤 등을 상품으로 기획하여 출시하였다. 그리고 무인양품은 향후 해외 현지 생산자와의 협력을 통해 글로벌 공유가치를 창출하고 상품에 대한 품질 또한 지속해서 향상하려는 노력을 하고 있다.

참고 문헌

- 고은별, 최경란, "체험마케팅을 적용한 라이프스타일 샵의 VMD에 관한 연구-Ikea, 무인양품, Kosney의 VMD 사례분석을 중심으로",「기초조형학연구」, 제10권 제6호, 2009, pp.29-37.
- 남민우, "'디자인 없는게 우리 디자인'기이한 무인양품 3無. 전략", 조선일보 Weekly biz, 2017.3.31.
- 마쓰이 타다미쓰,「무인양품은 90%가 구조다」, momentum, 2014.
- 마쓰이 타다미쓰,「기본으로 이기다, 무인양품」, 위즈덤하우스, 2019.
- 마스다 아키코,「무인양품 보이지 않는 마케팅」, 라이팅하우스, 2014.
- 무인양품 홈페이지, https://www.muji.com/kr
- 오수진, 김영롱, 나건, "국내 라이프스타일 브랜드를 위한 컨셉 개발 방향 제안 연구-일본 라이프스타일 브랜드 사례를 중심으로",「산업디자인학연구」, 제7권 제4호, 2013, pp.21-30.
- 윤신원, "무인양품의 성공비결 '노 로고, 노 디자인, 노 마케팅", 아시아경제, 2019.5.14.
- 이병진, "무인양품(無印良品)'의 성공사례를 통해 보는 야나기 무네요시의 민예사상의 전통 연구",「비교문학」, 제78호, 2019, pp.125-159.

- 조태정, "무인양품, 신유통 개척에 사활 걸다", Fashionbiz, 2019.12.10.
- 황현택, "제네릭브랜드의 노자 실용주의적 고찰-노브랜드와 무인양품 비교를 중심으로", 「상품문화디자인학연구」(구 한국상품문화디자인학회 논문집), 제56권, 2019, pp.69-79.